———————— 드림

|놀면서|익히고|배우는|재미있는|놀이학습서|

집중력을 높이는 유아놀이

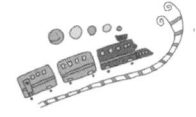

영유아의 인지, 정서, 사회성, 언어, 신체발달을 돕는 즐거운 발달놀이!

영유아는 놀이를 통해 세상을 배워나갑니다. 부모가 '놀면서 배우고 배우면서 논다'는 관점을 가지면, 자녀는 놀이를 통해 집중력을 키우고 학교에 입학해서 자신에게 주어진 일에 집중하면서 공부를 좋아하는 아이로 성장해 나갈 수 있습니다. 이 책에는 부모가 영유아 자녀의 발달단계를 잘 이해하고 자녀의 인지, 정서, 사회성, 언어, 신체발달을 도울 수 있는 즐거운 놀이환경을 만들어 나가도록 안내하는 내용들이 담겨 있습니다. 놀이의 교육적 효과를 이해하고 자녀의 발달을 돕기 위해 엄마, 아빠가 부지런히 노력한다면 우리 자녀들은 주어진 일에 최선을 다하며 집중하는, '스스로 공부하는 아이'로 건강하게 성장해 나갈 것입니다.

|놀면서|익히고|배우는|재미있는|놀이학습서|

집중력을 높이는 유아놀이

최정금 지음

경향미디어

아이들은 놀이를 통해 세상을 배워나간다

자녀교육 전문가 최정금 선생님

자녀교육 베스트셀러 『EBS 60분 부모』와 『엄마와 함께하는 학습놀이』의 저자 최정금 선생님은 2007년 4월부터 12월까지 EBS 60분 부모 학습편 '스스로 공부하는 아이'와 '우리 아이 학습법을 찾아라'에 출연하여 어린이들이 학습문제를 해결하고 부모가 효과적으로 자녀를 양육해 나갈 수 있도록 안내하였습니다.

또한, 2008년 5월 방영된 EBS 기획 다큐멘터리 3부작 〈모성탐구-엄마가 달라졌어요〉의 2부 〈엄마 바꾸기〉의 자문 전문가로 참여하여 학습 관련 부모교육에 대한 큰 호평을 받기도 한 최정금 선생님은 과학적인 관점에서 놀이와 학습을 해석하는 인지학습심리 전문가입니다.

놀면서 배운다

영유아는 놀이를 통해 세상을 배워나갑니다. 놀이는 단순히 재미만을 위한 활동이 아니라 놀이를 통해 우리 아이들은 인지, 사회성, 도덕성, 정서 등을 발달시켜 나갑니다.

　우리들은 흔히 놀이와 학습을 따로 떼서 생각하곤 합니다. 그러나 놀이는 아이들이 알고 있는 것을 바탕으로 이뤄지기 때문에 노는 모습을 통해서 아이들이 무엇을 알고 있는지를 파악할 수 있으며, 또한 놀이를 통해 무엇을 배웠는가를 관찰할 수 있습니다.

　아주 오래 전 시대에는 놀이라는 것은 그저 시간을 소비하기만 하는, 교육에는 불필요한 것으로 여겨진 때도 있었으나 교육적 연구들을 통하여 놀이는 아이들의 발달을 촉진하는 매우 중요한 수단이 된다는 가치를 인정받고 있습니다.

　놀이경험이 풍부하지 못하고 기계적인 학습을 하는 아이들은, 자유롭게 놀면서 주변 세계를 탐색하고 필요한 정보를 습득하는 아이들에 비해서 필요한 기술들을 효과적으로 잘 배우지 못하는 경향을 보입니다. 놀이는 자발적으로 이뤄지는 활동이기 때문에 흥미를 가지고 집중할 수 있으며 놀이활동에 집중하는 것은 다른 활동에도 이어져서 공부를 해나갈 때도 집중하는 습관을 형성하는 데 도움이 됩니다.

　영유아들에게 놀이란 발달과 학습에 있어 반드시 필요한 삶의 요소입니다.

배우면서 논다

　자녀가 '놀면서 배우고 배우면서 노는' 환경을 만들어주도록 우리 부모들은 노력해야 합니다. 조금만 더 부지런히 공부하고 정보를 탐색하면 자녀가 즐겁게 놀고 즐겁게 공부해 나갈 수 있는 방법들을 발견하고 자녀교육에 적용해 나갈 수 있습니다.

부모가 '놀면서 배우고 배우면서 논다'라는 생각이 확고하면, 놀이라는 것을 단순히 즐거움을 위한 것으로 여겨 놀이활동을 소홀히 하고 놀이를 학습과 따로 떼서 생각하는 실수를 하지는 않을 것입니다.

놀이와 학습을 따로 떼서 생각하게 되면 자녀가 조금씩 읽고 쓰고 셈하는 공부를 하는 무렵에 교재와 연필로 하는 '종이 위'의 학습에 비중을 두게 되고 늘 똑같은 방식으로 공부를 하도록 지도하게 됩니다. 놀이를 통해 집중력을 차근차근 길러가던 자녀가 늘 똑같은 방식으로 공부하다 보니 공부에 흥미를 잃고 집중하지 못하게 되는데, 이때 부모들은 아이가 공부에 관심이 없다고 생각하며 속상해하기만 합니다.

만약 글자 읽기 연습을 한다면 책에서 특정한 글자를 찾아, 예를 들어 '가'라는 글자만 찾아서 동그라미를 쳐보도록 한다든가 마이크 달린 장난감 녹음기에 녹음을 하며 책을 읽고 다시 들어보게 하는 등 다양한 방법으로 자녀가 공부해 나갈 수 있도록 도와야 합니다. 놀이와 공부를 연결시켜 생각한다면 자녀가 즐겁게 공부해 나갈 수 있도록 돕는 풍부한 아이디어가 떠오를 것입니다.

놀면서 배운다고 하면 아직도 많은 부모들이 이것은 매우 비효율적이라고 생각하는 경향이 있지만, 그것은 놀이가 주는 교육적 효과를 잘 이해하지 못하는 데서 생기는 것입니다. 그러므로 이 책에는 자녀의 발달단계적 특성과 놀이효과에 대한 부모들의 이해를 돕기 위한 내용을 담았습니다.

부모의 관점에 따라 달라지는 놀이의 효과

부모가 어떤 관점을 가지고 있느냐에 따라서 놀이는 단순히 재미를 주는 활동으로 끝날 수도 있고 자녀의 발달을 체계적으로 돕는 발달놀이가 될 수도 있습니다. 예를 들어, 우리가 모두 즐겨 하는 비눗방울 놀이 하나만 보더라도 관점에 따라 다른 결과를 내곤 합니다.

엄마, 아빠가 자녀를 즐겁게 해주고자 열심히 놀아주기로 결심을 하고 비눗방울 놀이를 하는 상황을 떠올려봅시다. 엄마, 아빠가 열심히 비눗방울을 불며 좋아하는 아이를 보고 뿌듯해하는데, 곰곰 생각해보면 비눗방울 놀이라는 것은 '후~ 후~' 부는 활동을 통해 구강근육을 튼튼하게 하고 입술의 소근육 발달을 도와 결과적으로 말하기 능력을 향상시킬 수 있는 매우 유익한 놀이이기 때문에 비눗방울은 아이가 불어야 더 효과적인 것입니다.

물론 엄마, 아빠가 불어주는 비눗방울을 보며 아이가 즐거워하는 것이 정서발달에 도움이 됩니다. 하지만 비눗방울을 아이가 불 수 있는데도 놀이의 교육적인 효과에 대한 고려 없이 아이보다 부모가 더 많이 비눗방울을 분다면 생활 속에서 즐겁게 놀기도 하고 말하기 능력을 향상시킬 수도 있는 기회는 그만큼 줄어드는 것입니다.

이 책에서는 구체적인 놀이방법들을 모두 실으려고 하기보다는 자녀의 발달단계를 부모가 더 잘 이해하고 놀이에 대한 아이디어를 얻는 것을 돕기 위한 내용들을 실으려고 노력하였습니다. 『집중력을 높이는 유아놀이』는 영유아 자녀를 둔 부모들이 자녀의 발달적 특성을 이해하고 놀이에 대한 교육적 관점을 가지는 데 훌륭한 안내자가 되어줄 것입니다.

추천사

유익한 교육의 방향을 제시하는 안내서

    우리 아이들은 어린 시절부터 경쟁의 바다에서 항해를 시작합니다. 유연한 사고를 바탕으로 능동적으로 공부해 나가야 자신의 삶의 주체로서 행복한 성인으로 성장해 나갈 수 있지만, 넘쳐나는 주입식 사교육의 홍수 속에서 아이들은 나아갈 길을 잃고 무력감에 빠지기도 합니다.

    교육이라는 것은 한 개인이 가지고 있는 잠재력을 발휘할 수 있도록 방향을 제시하며 도움을 주는 것입니다. 그런데 우리 아이들은 경쟁에서 우위를 차지하기 위해 정해진 방법대로 남들보다 빠르게 공부해 나가도록 강요 아닌 강요 속에 하루하루를 보내고 있는 것은 아닌가 생각해볼 필요가 있습니다.

    남들보다 빠르게 학습해 나가기 위해서 지나친 조기교육 프로그램에 참여하며, 어린 시절부터 '공부라는 것은 힘들고 지루한 것'이라는 생각을 가지게 되면서 결국은 정보를 탐색하고 자신에게 필요한 것을 배워나가는 일에 소홀한 모습을 보이게 됩니다.

영유아들의 교육은 놀이를 통해 이뤄질 때 가장 효과적이라는 것을 기억해야 합니다. 신나게 놀며 또래들과 상호작용을 해야 타인과 협력하는 법을 배워나가고 건강하게 인지, 정서, 사회성 발달을 이뤄나가게 됩니다.

놀이활동에 충실해야 하는 시간을 줄이고 지나친 조기교육 프로그램에 참여하도록 하는 것은 부모들이 영유아기의 특성을 잘 모르는 것에서 시작됩니다. 영유아기의 발달적 특성을 잘 알고 지도한다면 별다른 교육적 효과 없이 속상해하는 실수는 없을 것입니다.

『EBS 60분 부모』, 『엄마와 함께하는 학습놀이』를 통해 대한민국 수많은 부모들에게 유익한 교육의 방향을 제시한 최정금 선생님의 이번 『집중력을 높이는 유아놀이』는 영유아 부모들이 교육적 시행착오를 줄이도록 돕는 신뢰로운 안내자가 될 것입니다. 『집중력을 높이는 유아놀이』를 통하여 자녀의 발달적 특성을 잘 이해하며 교육의 목표를 잡아 가시기를 기대합니다.

2009년 4월
고려대학교 명예교수
이만영

체크리스트

부모의 자가진단 체크리스트: 나는 자녀의 인지놀이학습 지도를 잘하고 있는가?

다음 항목을 잘 읽고 해당하는 부분에 표시하세요(① 전혀 아니다 ② 대체로 아니다 ③ 보통이다 ④ 대체로 그렇다 ⑤ 매우 그렇다). 매달 한 번씩 점검하시고 변화를 〈월별 자가진단 점수 변화표〉에 표시하여 비교하시기 바랍니다.

항 목	점 수				
1. 자녀의 발달단계에 대해서 잘 알고 있다.	①	②	③	④	⑤
2. 자녀의 발달수준에 적합한 장난감을 구입한다.	①	②	③	④	⑤
3. 자녀의 발달영역별(예－대근육 발달, 소근육 발달, 언어발달)로 적합한 장난감을 잘 알고 있다.	①	②	③	④	⑤
4. 자녀의 인지적, 정서적 특성에 대한 객관적인 정보를 알고 있다.	①	②	③	④	⑤
5. 자녀의 놀이에 적극적으로 동참하고 있다.	①	②	③	④	⑤
6. 자녀에게 다양한 놀이의 기회를 제공하기 위한 정보를 잘 알고 있다.	①	②	③	④	⑤
7. 자녀양육과 관련하여 일기를 쓰고 있다.	①	②	③	④	⑤
8. 자녀에게 적극적으로 칭찬을 하고 있다.	①	②	③	④	⑤
9. 엄마, 아빠가 함께 자녀와 적극적으로 놀이를 하고 있다.	①	②	③	④	⑤
10. 자녀에게 상벌을 적용할 때는 정해진 규칙에 따른다.	①	②	③	④	⑤
11. 자녀의 잘못된 습관을 수정해 나가기 위해서 일관성 있게 체크하며 행동수정을 할 수 있는 스티커 제도와 같은 방법을 적용하고 있다.	①	②	③	④	⑤
12. 벌보다는 상을 먼저 주는 교육방법을 적용하고 있다.	①	②	③	④	⑤
13. 자녀가 좋아하는 장난감을 고르도록 한다.	①	②	③	④	⑤
14. 자녀에게 스킨십을 많이 해준다.	①	②	③	④	⑤
15. 자녀가 실수를 하면 야단치기보다는 실수를 줄이도록 격려한다.	①	②	③	④	⑤
16. 자녀에게 언어적인 자극을 많이 주려고 노력한다.	①	②	③	④	⑤
17. 자녀 앞에서 언성을 높여 부부싸움을 하지 않는다.	①	②	③	④	⑤
18. 자녀와 함께 장난감을 직접 만들기도 한다.	①	②	③	④	⑤
19. 자녀가 또래들과 자주 어울려 놀 수 있는 환경을 만들어주고 있다.	①	②	③	④	⑤
20. 자녀가 양손을 골고루 쓰도록 지도하고 있다.	①	②	③	④	⑤

① 1점 ② 2점 ③ 3점 ④ 4점 ⑤ 5점

〈월별 자가진단 점수 변화표〉

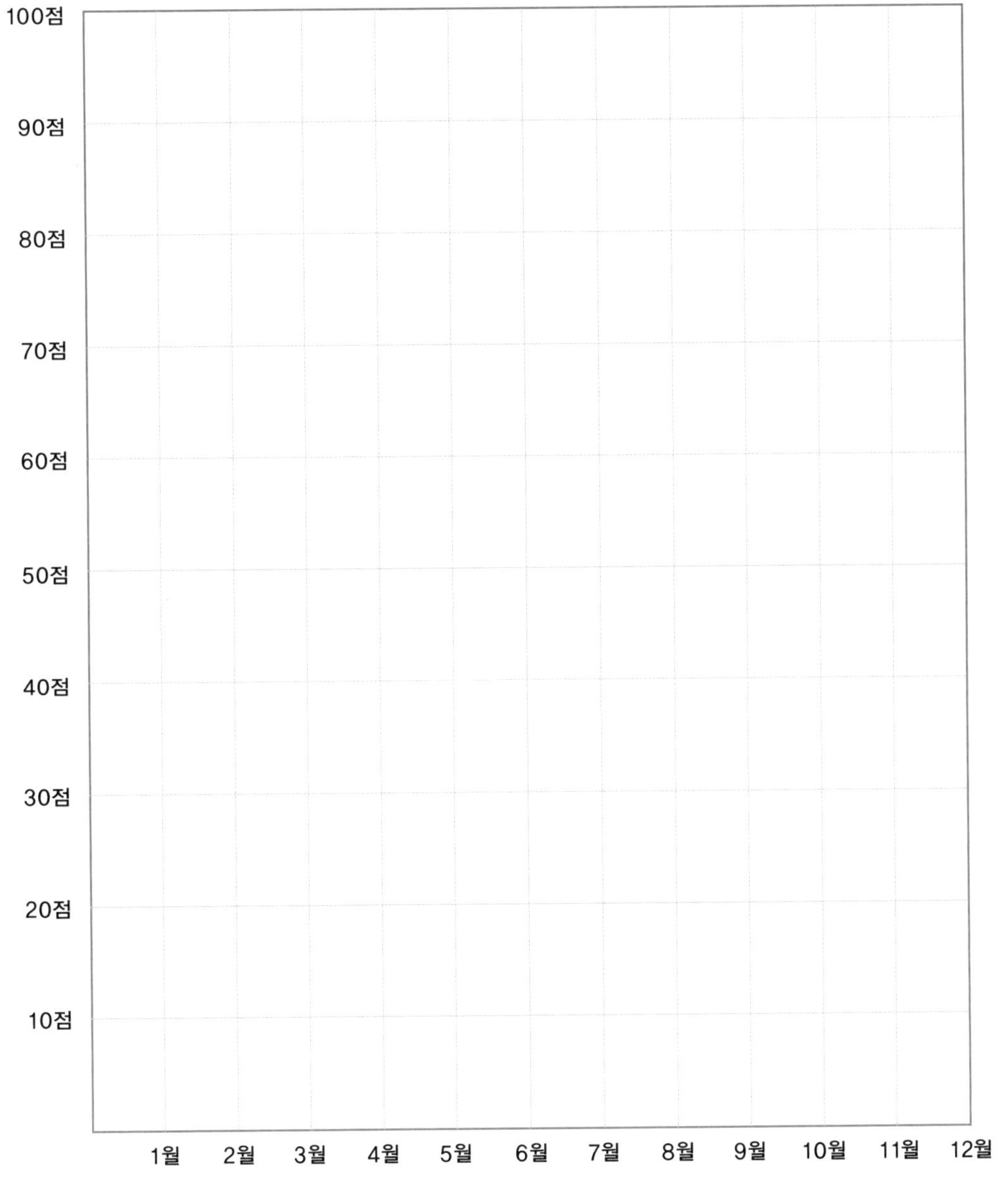

프롤로그

마음을 다해 함께하는 '부모-자녀'는 아름답습니다

『EBS 60분 부모』에 이어 『엄마와 함께하는 학습놀이』가 출간되었을 때, 많은 분들이 제목을 보고 그 책은 엄마와 아이가 함께 즐겁게 공부할 수 있는 방법을 소개한 것으로 생각하였을 것입니다. 물론 아이가 효과적으로 공부해 나갈 수 있도록 지도하는 것을 중심으로 내용이 구성되어 있긴 하지만, 책 제목에서 '함께하는'의 의미는 엄마와 자녀가 '서로 마음을 다해 함께한다'는 것이지요.

내 아이가 세상에 태어나던 그 순간을 늘 기억한다면 자녀가 조금 실수를 한다고 해서, 조금 미숙하게 행동한다고 해서, 조금 공부 속도가 느리다고 해서 자녀에게 윽박지르고 비난하는 엄마, 아빠의 실수는 사라질 것입니다. 엄마, 아빠의 욕심 때문에 사랑스러운 내 아이에게 어린 시절부터 학습적인 스트레스를 주고 팔방미인이 되도록 예체능 등 이것저것을 강요하는 것이 과연 내 아이에게 얼마만큼 행복을 가져다주는 것인지 곰곰이 생각해보아야 하겠습니다.

　요사이 우리 부모들에게는 치열한 경쟁사회 속에서 완벽한 자녀의 매니저가 되어야 한다는 생각이 점점 더 커지고 있는 것 같아 안타까운 마음이 듭니다. 그도 그럴 것이 학교를 졸업하고 취업을 하기까지 워낙 경쟁이 치열하다 보니 부모들은 불안한 마음이 들고, 그렇기 때문에 남들보다 한 걸음 먼저 무언가를 준비해야 된다는 강박관념이 생기는 것이지요.

　부모가 그런 강박관념을 가지고는 자녀를 기다려줄 여유가 없습니다. 자녀의 속도에 맞춰서 때론 뒤에서, 때론 앞에서 '함께하는' 파트너의 역할을 하기에는 시간적 여유가 없다고 생각하기 때문에 늘 앞에서 끌어가려고 하는 실수를 하게 되는 것이지요.

　훌륭한 매니저로서 자녀를 끌어가려고 하기 때문에 자녀가 잘 따라오지 못하면 우리 부모들은 자녀를 다그치고 화를 내고 실망하고 좌절하곤 합니다. 자녀가 미숙하게 행동하며 부모가 원하는 대로 잘 따라오지 못할 때, 그래서 자녀가 실망하고 어려움에 빠지게 될 때 우리 부모들은 함께 좌절하고 실망할 것이 아니라 어떻게 하면 자녀를 '도와줄 것인가'를 과학적으로 고민하며 마음을 다해 자녀와 '함께해야' 합니다.

　예를 들어 다섯 살 난 아이가 떼를 쓰고 고집을 피운다면, 아이를 야단치고 비난할 것이 아니라 먼저 다섯 살 무렵 유아기의 특성에 대해서 다시 한번 꼼꼼하게 살펴보고 공부하며 대처해야 하는 것이지요. 유아기는 발달단계적으로 '주도성'을 기르는 시기이고 그렇기 때문에 독립성이 강해져서 고집이 세지고 떼를 쓰기도 한다는 것을 잘 알고 있는 부모라면 아이의 모습은 훨씬 더 객관적이고 중성적으로 다가올 것입니다. 그런데 유아기의 특성을 잘 모르는

부모는 아이의 성품이나 도덕성을 운운하며 버릇을 고치겠다고 심하게 혼을 내거나 야단을 치는, 엉뚱한 방향으로 양육을 해나가게 됩니다. 물론, 아이의 모습이 일반적인 범위인지 지나치게 고집이 세고 충동적인 것인지는 세심하게 잘 관찰해야 하는 부분이지요.

우리의 자녀들은 각 시기마다 보이는 특성들이 있습니다. 각 시기마다의 특성을 부모가 잘 알고 있어야 효과적으로 자녀를 도울 수가 있는 것이지요. 그 시기를 지나고 나서 '그때 그래서 우리 아이가 그런 행동을 했구나……' 하고 이해하는 것은 아무런 의미가 없습니다. 평소 미리미리 공부하는 우리 부모들이 되어야 하겠습니다. 요즘은 좋은 책과 인터넷 정보들이 쏟아지고 있는 세상이니 조금만 부지런히 움직인다면 얼마든지 원하는 정보들을 얻을 수 있지요!

어떻게 '끌어갈 것인가'가 아니라 어떻게 '도울 것인가'를 중심으로 자녀를 양육해 나간다면 훨씬 더 마음의 여유를 가지고 효과적으로 자녀를 지도해 나갈 수 있다는 것을 잊지 말도록 해야겠습니다.

'마음을 다해 함께하는 부모와 자녀'는 그 모습을 마음속으로 그려보기만 해도 우리들에게 행복한 미소를 띠게 합니다. 영유아기에 있는 자녀와 마음을 다해 함께하는 가장 중요한 일은 엄마, 아빠가 신나게 아이와 '놀아주는' 것입니다. 자녀의 발달단계를 잘 이해하고 조금이라도 더 아이와 놀아주려고 애쓴다면 우리 아이들의 몸과 마음은 건강하게 쑥쑥 잘 자라날 것입니다.

자, 이제 '마음을 다하여 자녀와 함께할' 만반의 준비가 되셨겠지요? 이 책을 통하여 자녀의 특성을 더 잘 이해하고 자녀의 건강한 성장에 도움이 되는 놀이활동에 대한 아이디어를 얻으시길 바라면서 대한민국 모든 영유아 엄마, 아빠에게 파이팅을 외쳐봅니다. 파이팅!!!

　첫 번째 책 『EBS 60분 부모』를 탈고할 무렵 항암투병을 시작하시고 세 번째 책 『집중력을 높이는 유아놀이』를 탈고하는 이 순간까지 치열하게 항암투병을 하고 계신, '언제나 마음을 다해 저와 함께해' 주신 아름다운 나의 어머니 임덕순 여사께 이 책을 바칩니다.

2009년 4월, 저자 최정금

들어가며

내 아이의 인지발달 단계

　자녀가 생각과 감정을 조금씩 표현하기 시작하면서 "싫어!", "안 돼!" 라는 말을 많이 하면 부모는 뭔가 아이가 성격이 나빠지고 있는 것이 아닌가 싶은 마음도 들고 아이에게 부정적인 모습을 많이 보였나 뒤돌아보기도 합니다. 불안해지는 마음을 떨칠 수가 없는 것이지요.

　자녀의 발달단계상의 특성을 잘 이해하게 되면 아이의 행동이 객관적으로 보이면서 막연한 불안감이나 화를 떨쳐내게 되고, 각 단계에서 이뤄나가야 하는 발달과업들을 위해 자녀를 격려해 나갈 수 있게 됩니다.

　먼저, 자녀의 인지발달 단계를 살펴보도록 하겠습니다. 내 자녀의 인지발달 단계는 어디에 속하는 것일까요? 언뜻 보면 인지발달 단계의 개념들이 어렵게만 느껴질 수도 있는데요, 차근차근 살펴보면 그 개념들은 그리 어려운 것이 아닙니다.

영유아의 인지발달 단계

만 0세-2세의 특징

만 0-2세의 자녀들은 상징적이고 추상적인 사고, 언어사용이 불가능하기 때문에 환경을 이해하기 위해서는 신체감각, 지각, 운동에 의존할 수밖에 없습니다. 빤 것을 잡고, 본 것을 쳐보고 밀어보고 하는 활동들을 통해 세계를 이해해가기 시작합니다. 이 시기에 가장 중요하게 획득되는 개념은 '대상영속성'이라는 것입니다. 영아는 생애 첫 몇 달 동안은 어떤 대상이 눈앞에서 사라지면 그 대상이 눈에 보이지는 않지만 존재한다는 사실을 알지 못하지요. 그러나 만 2세 정도가 되면 자녀는 눈앞에서 사라진 대상이 어딘가에 계속 존재한다는 '대상영속성'의 개념을 얻게 됩니다.

만 2세-6세의 특징

만 2-6세의 자녀들은 단어, 그림 등으로 세계를 표상하기 시작하여 상징적인 사고가 가능하게 되는 한편, 다른 사람의 관점은 이해할 수가 없습니다. 자신과는 다른 관점이 존재한다는 것을 아직 인식할 수가 없기 때문이지요. 이러한 특성을 '자기중심성'이라고 합니다. 이 시기의 자녀들은 수와 양에 대한 보존개념이 없습니다. 한 줄에 각각 바둑알 7개씩 같은 간격으로 두 줄로 늘어놓은 다음 "윗줄에 있는 거랑 아랫줄에 있는 거랑 개수가 똑같지?" 하고 물어보면 "그렇다"고 대답합니다. 그런데 아랫줄에 있는 바둑알의 간격을 더 넓게 해서 다시 물어보면 "아랫줄에 있는 바둑알이 더 많다"고 대답하게 되지요. 수에 대한 보존개념이 없기 때문입니다. 크기가 똑같은 두 컵에 같은 양의 물을 담고 "두 컵에 있는 물의 양이 똑같지?"라고 물어보면 아이

는 "그렇다"고 대답합니다. 그런데 한쪽 컵에 있는 물을 컵의 둘레가 더 큰 컵에 옮겨 따른 후에 "어느 쪽에 있는 물이 더 많니?" 하고 물어보면 컵의 둘레가 작은 쪽의 컵을 가리킵니다. 양의 보존개념이 없기 때문이지요.

내 자녀는 어느 만큼 와 있는 것일까요? 5세 아이인데 보존개념이 없는 것을 보고 놀라지 마시기 바랍니다!

자, 이번에는 자녀의 심리사회적 발달단계를 살펴보도록 할까요? 세상을 살아가면서 우리들에게는 각 시기에 성공적으로 치러야 하는 발달과업들이 있습니다. 우리 자녀들은 각 시기에 어떤 과정을 거쳐 심리사회적 발달을 이루게 될까요?

영유아의 심리사회적 발달단계
만 0개월-18개월의 특징

태어나서부터 18개월 사이에는 자신을 돌봐주는 사람과의 상호작용을 통해서 신뢰감 혹은 불신감을 경험하게 됩니다. 배고플 때 먹을 것을 주고 기저귀를 갈아주는 엄마의 돌봄을 보며 일관성과 신뢰감을 발달시키게 되고 적절한 돌봄이 이뤄지지 않을 때는 불신감을 발달시키는 것이지요. 그런데 이때 신뢰감은 좋은 것이니까 발달시켜야 하고 불신감은 좋지 않은 것이니까 발달시켜서는 안 되는 것일까요? 그렇지는 않습니다. 불신감도 성장에 필요한 것이기 때문에 신뢰감을 잘 발달시키려면 불신감도 경험해보는 것이 필요한 것이지요. 불신감을 경험해보면 상대적으로 '신뢰'라는 것을 더 소중히 여기게 되니까요. 이 시기에 경험하게 되는 신뢰감과 불신감은 대인관계와 자기 자신에 대한 신뢰감에도 큰 영향을 미치게 되므로 매우 중요한 역할을 합니다.

만 18개월-36개월의 특징

만 18-36개월의 자녀들은 자율성과 수치심, 회의감을 형성하기 시작합니다. 자신이 원하는 물건을 잡아당기다가도 원하지 않을 때는 밀쳐내는 식의 활동을 통해서 자율성을 발달시킬 수 있습니다. 이 시기의 자녀들은 "내가 할거야!", "안 돼, 내꺼야!"라는 말을 많이 하는 특징이 있지요. 이때 부모들이 자율성을 가지고 스스로 환경을 통제하려는 자녀들의 욕구를 묵살하고 비난한다면 자녀는 '수치심과 회의감'을 발달시키게 됩니다. 이 시기에 자율성을 잘 발달시켜야 단단한 자아정체감을 가진 사람으로 성장해 나갈 수 있는 것입니다.

만 3세-6세의 특징

만 3-6세 사이에는 신체적, 정신적 능력이 폭발적으로 성장하는 시기입니다. 이 시기의 자녀들은 주도성을 발휘하며 어떤 활동을 하게 됩니다. 계획도 세우고 목표도 세우게 되지만 모든 것이 뜻대로 되지는 않지요. 뜻대로 자신이 원하는 것을 모두 얻을 수 없다는 것과 사회적으로 금지된 것을 배워가면서 자신의 욕구를 억압하며 죄의식을 발달시키기도 합니다. 자녀가 원하고 목표로 하는 것을 지나치게 억압하지 말고 필요할 때 계획을 변경, 수정하도록 하면 자녀가 모든 것을 포기하며 죄의식을 갖지 않고 주도성을 잘 발달시켜 나가는 것을 도울 수 있습니다. 이 시기에 주도성을 잘 발달시켜 나가면 자신의 목표를 뚜렷하게 정하고 성취해 나가기 위해 노력하는 사람이 되기도 하지만, 죄의식을 발달시켜 나가게 되면 어떤 일을 하더라도 주저주저하게 되는 우유부단한 사람이 되기도 합니다.

　　자, 이렇게 영유아기의 인지 & 심리사회적 발달단계 특징을 살펴보고 나니 이제 내 아이의 모습이 더 잘 이해되지요? 내 자녀의 발달단계적 특징을 잘 이해하고 각 단계에 적합한 지도와 격려를 하는 과학적인 부모가 되도록 열심히 공부합시다!

　　영유아기의 효과적인 학습: '놀면서 배우고 배우면서 논다'
　　영유아기는 온몸을 통해 세상을 배워나가는 시기이지요. 새롭게 습득된 운동기술을 이용하여 시행착오를 겪고 온몸을 통해 직접적으로 경험할 때 영유아의 학습은 가장 효과적으로 이뤄집니다.
　　놀이가 영유아의 발달에 미치는 효과는 다음과 같습니다.
　　인지발달: 놀이를 통한 교육은 수리력, 논리력, 문제해결력, 사고력, 창의력을 비롯한 인지발달을 돕습니다.
　　정서발달: 놀이를 통한 교육은 어린이들로 하여금 즐거움과 기쁨을 느끼게 하고 만족감, 성취감, 안정감을 느끼게 하여 정서발달을 돕습니다.
　　사회성 발달: 놀이를 통한 교육은 또래들과의 상호작용을 통해 규칙을 따르고 양보하며, 문제를 해결하고 상대방의 감정을 알아가는 경험을 통해 타인에 대한 배려와 공감능력을 키워 사회성 발달을 돕습니다.
　　신체발달: 놀이를 통한 교육은 어린이의 신체활동을 통해 신체의 성장을 촉진하고 뛰기, 점프하기, 던지기 등의 활동을 통해 운동능력을 증진시키는 등 신체발달을 돕습니다.
　　언어발달: 놀이를 통한 교육은 어린이의 의사소통 능력, 이해력, 표현력을 향상시키고 또래 혹은 다양한 연령의 사람과의 의사소통을 통해 다양한

어휘를 습득할 수 있는 기회를 갖게 하여 언어발달을 돕습니다.

놀이를 통한 교육은 이렇듯 효과적이고 중요한데, 흔히 놀이를 통해 공부하는 것은 시간이 많이 걸리기 때문에 비효율적이라는 생각을 하는 경우가 많습니다. 그래서 조급한 마음에 언어발달이 급격히 이루어지는 6-7세 때는 놀이보다 교재를 통한 '종이 위의 학습'에 비중을 더 두게 되는 실수를 하게 되지요. 영유아는 한창 놀이를 통해 세상을 배워나가는 시기인데 부모들은 읽고 쓰는 것에 집착하게 되고, 아직 준비가 안 된 우리 자녀들은 스트레스를 받게 되어 본격적으로 공부를 하기도 전에 '공부는 재미없는 것'이라는 선입견을 갖게 됩니다.

놀이를 통해 무엇인가를 배우는 것에 집착하게 되면 즐거운 마음으로 새로운 것을 배우는 놀이학습으로서의 기능은 사라지게 되지요. 놀이는 그 자체가 목적이며, 놀이를 통해 새로운 세상을 배우고 사람들 간의 규칙을 배우고 타협하는 법을 알게 됩니다. 감정표현, 충동조절, 경쟁과 협동의 적절한 수위 조절 등 이 세상을 살면서 필요한 것을 자연스럽게 익히고 연습할 수 있는 장이 되는 것도 놀이이지요.

영유아 자녀들이 놀이를 통해 필요한 것을 잘 배워나갈 수 있도록 지도하려면 부모의 마음속에 '놀면서 배운다'라는 생각이 확고해야 합니다.

'놀이'는 단순히 재미를 위한 것만이 아니라 자녀의 발달의 도울 수 있는 훌륭한 교육방법이라는 것을 기억하고 열심히, 적극적으로 자녀와 놀아주는 엄마, 아빠가 되도록 노력합시다! 이 순간에도 열심히 자녀와 놀아주고 있는 이 세상 모든 엄마, 아빠에게 존경의 박수를 보냅니다.

자녀의 발달을 돕는 즐거운 놀이환경 만들기

　일상생활에서 즐거운 놀이를 통해 자녀의 인지, 정서, 사회성, 언어, 신체 발달을 도우려면 다음과 같은 사항을 부모가 주의 깊게 고려해야 합니다. 놀이는 그 자체로도 의미 있는 것이지만 부모가 어떤 놀이환경을 만드느냐에 따라 그 교육적 효과는 뚜렷하게 차이가 나는 것이니까요.

　첫째, 자녀의 발달단계적 특징을 잘 이해한다.
　부모가 자녀의 발달을 돕는 놀이환경을 만들어나가려면 자녀의 발달단계적 특징을 잘 이해하고 있어야 합니다. 각 시기마다의 일반적인 발달단계적 특징을 이해하지 못하면 자녀의 행동에 화가 나서 심하게 야단치고 비난하여 아이의 죄책감을 발달시키고 매사에 위축되는 모습을 보이도록 할 수 있습니다.

만약 유아기에 있는 아이가 떼를 쓰고 고집을 부리고 지는 것을 싫어한다면 아이의 성품을 의심할 것이 아니라 유아기에 보이는 일반적인 특징들을 먼저 살펴보고 대처해야 하는 것이지요.

둘째, 강요하지 않는다.

놀이가 자녀의 여러 발달을 돕는다고 해서 흥미를 보이지 않는 활동에 억지로 자녀가 참여하도록 강요해서는 안 됩니다. 공부에 대한 혐오감을 한 번 형성하면 돌이키는 것이 매우 어렵듯이 놀이라는 활동에 혐오감이 생겨서 즐거운 놀이활동에 참여하는 것을 기피하게 되면 곤란하니까요.

놀이는 어디까지나 자발적으로 참여하는 즐거운 활동이어야 그 가치가 있는 것입니다.

셋째, 놀이상황에서의 자녀의 특징을 잘 기록한다.

우리 아이들은 자신이 알고 있는 지식의 크기만큼 놀이활동을 해나갈 수 있습니다. 또한 놀이를 통해 아이들은 정서적, 사회적, 도덕적 특성을 드러내기도 하지요. 그러므로 자녀와 즐거운 놀이활동을 하는 것으로 그치지 말고 놀이상황에서 보이는 자녀의 특징을 잘 기록해두었다가 어떤 점을 중심으로 자녀를 도울 것인가를 차근차근 살펴보아야 합니다. 잘 모르는 개념들을 어떻게 배워나가도록 할 것인가, 규칙을 지나치게 어기는 것을 어떻게 수정해나가도록 도울 것인가 등등 말이지요.

차 례

부모의 자가진단 체크리스트   10

프롤로그   12

들어가며   16

PART 1 신뢰감을 통해 학습능력을 키우는 시기: 3개월-12개월

01 아기의 손은 세상을 탐색하는 훌륭한 도구이다   30

02 아기는 다른 소리보다 말소리에 민감한 반응을 보인다   33

03 낯가림은 사회성 발달의 시작이다   37

04 애착, 심리사회적 발달의 첫 단추를 잘 끼워야 한다   40

05 기어다니기 시작할 때 호기심을 더욱 자극하자   44

06 걸음마는 세상을 향한 첫 걸음이다   47

07 호기심 천국, 아기의 감각을 자극하자   51

08 "엄마"라는 말은 폭발적인 어휘 증가의 신호탄이다   55

09 분리불안은 정상적인 발달단계이다   58

10 혼자 걷기는 또 다른 세상의 시작이다   61

PART 2 자율성을 통해 학습능력을 키우는 시기: 12개월-24개월

11 아이들은 놀이를 통해 세상을 배워나간다 ... 66
12 너무 빠른 배변훈련은 아이의 죄책감을 발달시킨다 ... 70
13 낙서를 통해 쓰기능력을 발달시켜 나가자 ... 73
14 비누방울 놀이를 통해 언어발달을 돕는다 ... 76
15 자율성이 증가하는 시기, 혼자 하는 것을 격려하자 ... 79
16 두뇌발달을 돕는 대소근육을 발달시키자 ... 83
17 아이들은 쫓고 쫓기는 놀이를 좋아한다 ... 86
18 아이들은 모방행동을 통해 배워나간다 ... 89
19 소근육의 발달은 일상생활 속에서 이뤄져야 한다 ... 92
20 억지로 오른손 사용을 강요하지 말자 ... 95

PART 3 활발한 움직임을 통해 학습능력을 키우는 시기: 3세-5세

21 유아기는 지치지 않는 에너지를 가진 시기이다 ... 100
22 고집 센 아이는 이렇게 대처하자 ... 103
23 집중력이 발달하는 시기에는 적절한 장난감을 선택하자 ... 106
24 여아용 장난감? 남아용 장난감? ... 111
25 또래들과의 상호작용을 통해 사회성을 발달시켜 나간다 ... 114
26 책 읽어주기는 아이의 정서를 발달시킨다 ... 117
27 식물 키우기는 책임감을 발달시킨다 ... 121
28 역할놀이로 사회성 발달을 돕자 ... 125
29 아이들은 왜 거짓말을 할까? ... 129
30 아이의 마음을 부모의 눈높이에서 추측하지 말자 ... 133

31 오감을 자극하는 감각지도를 만들자   137

32 쇼핑하듯 골라 시키는 조기교육은 독이다   142

PART 4 기초 학습능력을 키우는 시기: 6세-7세

33 유아도 시간관리는 가능하다   148

34 낱말공부는 이렇게 지도하자   152

35 스티커 제도는 아이에게 바람직한 습관을 형성시킨다   156

36 쓰기, 어떻게 지도해야 할까?   161

37 협동을 통해 인성을 발달시켜 나가자   165

38 유아기에는 왜 지는 것을 싫어할까?   170

39 엄마의 요리활동에 아이를 참여시키자   174

40 어린이를 어린이로 바라보자   178

41 생활 속에서 수학 개념을 발달시켜 나가자   182

42 가방 챙기기는 자기관리의 시작이다   185

43 '실컷 놀게 하라' 는 공부를 시키지 말라는 것일까?   190

44 육하원칙 일기쓰기는 글쓰기의 기초이다   194

PART 5 집중력과 기억력을 발달시키는 인지놀이

45 수 개념을 발달시키는 쓰기 인지놀이   200

46 시각 집중력을 키우는 인지놀이   203

47 청각 집중력을 키우는 인지놀이   206

48 인내심을 기르는 인지놀이   209

49 음운인식 능력을 키우는 인지놀이   212

50 시각적 탐색 능력을 키우는 인지놀이 … 215

51 관찰력을 키우는 인지놀이 … 218

52 즐거운 숫자공부를 통해 집중력을 발달시키는 인지놀이 … 221

PART 6 읽기, 쓰기, 셈하기 능력을 발달시키는 인지놀이

53 소리 내어 읽기에 대한 거부감을 줄이는 인지놀이 … 226

54 공간지각 능력과 읽기 능력을 키우는 인지놀이 … 229

55 쓰기에 대한 거부감을 줄이는 인지놀이 … 232

56 사고력과 쓰기능력을 키우는 인지놀이 … 235

57 색칠하기와 숫자공부를 동시에 하는 인지놀이 … 238

58 숫자공부를 하며 집중력 키우는 인지놀이 … 241

59 관찰력을 키우며 숫자공부 하는 인지놀이 … 244

60 숫자공부를 하며 암산능력 키우는 인지놀이 … 247

부록: 영유아발달 특성과 건강검진 체크 … 252

팔다리를 쭉쭉 펴주고 곧은 자세로 서거나 앉으면 운동발달이 촉진된다고 합니다.
곧은 자세로 서거나 앉으면 영아들의 목, 몸통, 다리가 강해지고 이러한 신체 부위가 튼튼해지는 것은
앉기, 서기, 걷기와 같은 운동발달을 빠르게 할 수 있도록 돕는 것이지요.

Part 1

신뢰감을 통해 학습능력을 키우는 시기:
3개월-12개월

아이가 기어다니기 시작할 때 종종 한쪽 다리로만 기어다닌다고 걱정하는 부모들을 볼 수 있습니다. 아기가 기어다니는 시기는 아기의 뇌가 폭발적으로 성장하는 뇌 성장 급등 시기에 속하므로 좌뇌, 우뇌의 균형적인 발전을 위하여 아기가 양쪽 다리로 길 수 있도록 도와주는 것이 좋습니다.

신뢰감을 통해 학습능력을  키우는 시기: 3개월-12개월

아기의 손은 세상을 탐색하는 훌륭한 도구이다

요사이 우리 아기를 누어놓으면 팔다리를 휘저으며 옆으로, 위로 열심히 몸을 움직인다. 손을 쭉쭉 뻗어 뭔가를 잡는 듯한 시늉을 하고 잡히는 것이 있으면 이내 입으로 가져가서 빨기 바쁘고, 팔로 땅바닥을 탁탁탁 치며 끊임없이 손을 쥐었다 폈다를 반복한다. 또, 딸랑이나 방울을 흔들어주면 신기하게 쳐다보며 이내 손을 뻗어 잡으려고 애쓴다. 딸랑이를 쥐어주면 어찌나 꽉 잡고 흔들어대는지……. 가만히 보고 있으면 그저 신기하고 사랑스럽기만 하다. 아기들은 이렇게 손을 뻗어 눈앞에 펼쳐진 세상을 탐험해 나가는 것일까?

-연희동 영환 엄마의 일기-

손을 뻗어 물건을 잡고 그것을 입으로 가져가는 행동은 영아의 생존본능을 반영하는 것으로 매우 중요한 활동입니다. 최근의 한 연구에서 영아들이 어둠 속에서도 손을 뻗어 물건을 잡을 수 있다는 것을 보여주고 있는 만큼 영아들의 잡기 능력은 참으로 대단한 것이지요.

생후 4-6개월경이 되면 영아들이 손을 사용하는 기술은 조금씩 더 발전하여 손가락으로 물건을 만지작거리며 자신이 접하는 물체들을 탐색하게 됩니다. 생후 7개월경이 되면 드디어 손가락으로 물건을 잡을 수 있게 되면서 영아의 '손조작 기술'은 크게 발달하게 되는 것이지요. 손가락으로 물건을 만지작거리다가 물건을 잡을 수 있는 단계로 발전하면서 영아들이 세상을 탐색해 나가는 방법과 능력도 한층 발전하게 됩니다. 탁자를 내리치고 장난감을 탁탁 치기보다는 장난감을 손가락으로 잡고 들어올리기도 하며 사물에 대한 정보를 더 잘 얻어나갈 수 있는 것이지요.

그렇다면 아기들이 물건을 입으로 가져가는 것은 어떤 의미가 있을까요?

생후 1년 동안의 영아는 빨기, 물기와 같은 활동을 통해 즐거움을 얻기 때문에 엄마의 젖이나 젖병을 빠는 것은 영아들에게는 더할 나위 없는 행복인 것이지요. 그런데 너무 빨리 젖을 떼게 되면 애정결핍의 모습을 보이고 주위 사람들에게 집착하는 모습을 보일 수도 있게 됩니다.

이렇듯 잡기, 빨기, 물기와 같은 감각운동을 통해 세상을 배워나가는 생후 1년 미만 영아들의 인지발달에 도움이 되는 놀이들에는 어떤 것들이 있을까요? 이 시기에는 딸랑이, 모빌, 손으로 줄을 잡아당길 수 있는 놀잇감, 멜로디 상자, 인형, 헝겊 공, 북이나 실로폰 같은 악기를 활용한 놀이를 할 수 있도록 하는 것이 좋습니다.

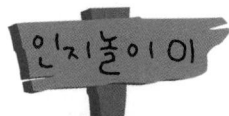 천으로 만든 공 놀이

준비물_ 종이나 구슬 등 각종 물건이 들어 있는 천으로 만든 공
효과_ 감각자극, 소근육 발달, 두뇌발달

아기가 팔다리를 휘젓고 뒤집기를 하는 등 운동능력이 한층 발달하게 되는 이 시기에는 손과 발, 어깨를 자연스럽게 움직일 수 있도록 도와주는 것이 좋습니다. 그중 손을 쥐었다 폈다 하며 손가락을 움직이는 것을 돕기 위해서 작은 종이나 구슬 등 각종 물건이 들어 있는 천으로 만든 공을 활용하여 아기의 감각을 자극해보도록 합시다. 위생적인 천을 활용하여 아기 손에 쥐어줄 수 있는 크기의 공을 만들어서 아기 손에 쥐어주면, 아기가 공을 손에 쥐면서 촉각이 자극되어 두뇌를 자극하는 효과도 있습니다. 쉽게 세탁할 수 있는 천으로 만드는 것이 위생적인데요, 시중에서 구입할 수 있는 촉각자극 공을 활용하는 것도 좋습니다.

TIP 아기는 왜 탁자를 반복적으로 내리칠까?

생후 4-8개월 사이의 아기는 반복적인 행동을 통해 즐거움을 추구하게 됩니다. 운동기능이 조금씩 발달하게 됨에 따라 손으로 탁자를 내리치거나 숟가락으로 탁자를 내리치며 즐거워하는 것이지요. 인형을 주어도 우리 아기들이 인형으로 탁자나 바닥을 내리치는 모습을 흔히 볼 수 있지요?

신뢰감을 통해 학습능력을  키우는 시기: 3개월-12개월

아기는 다른 소리보다 말소리에 민감한 반응을 보인다

민서는 오늘 아침에 젖 조금 먹고는 오빠 유치원 등교준비 시키는 동안 옹알옹알 잘 놀았다. 요즘 민서는 노래를 불러주거나 딸랑이를 흔들어주면 좋아하고 특히 노래를 불러주면 옹알옹알 따라 한다. 기분이 좋으면 뭔가 자꾸 말하려고 옹알옹알하고 특히 목욕을 하고 난 후에는 꽤 오랫동안 옹알이를 한다. 내가 뭐라 뭐라고 얘기하면 민서도 옹알옹알 말을 한다. 민서는 내 말을 알아듣는 것일까?

-연수동 민서 엄마의 일기-

민서가 엄마의 목소리와 딸랑이에 옹알옹알 옹알이를 하는군요. 아기들은 주변 사람들의 말에 옹알이로 반응을 합니다. 민서는 지금 엄마가 낸 소리를 반복하며 흉내를 내는 중이네요. 옹알이는 '맘마'나 '엄마'와 같은 첫 단어를 말할 수 있게 되기까지 폭발적으로 증가하게 됩니다.

인간은 태어나면서부터 다른 어떤 소리보다도 말소리에 특히 민감하다는 연구 결과들이 있습니다. 말소리에 민감한 반응을 보이는 것은 인간의 뛰어난 언어습득 능력과 밀접한 관련이 있는 것이지요.

따라서 아기의 언어발달을 돕기 위해서는 말소리를 많이 들려주는 즐거운 수다쟁이 부모가 되어야 합니다. 아기가 말을 못 알아듣는 시기에도 부모들은 수다쟁이가 되기 위해서 열심히 노력하고 끊임없이 속삭이지만, 아기들이 말소리에 민감하게 반응하기 때문에 말소리를 많이 들려줘야 한다는 것은 잘 모르는 경우가 많지요. 그저 아이의 청각을 자극하기 위해서 아이에게 끊임없이 속삭이고 부드러운 음악을 틀어주기보다는, 인간은 태어날 때부터 말소리에 민감하다는 사실을 기억하고 말소리를 많이 들려주기 위해 노력하는 것이 효과적인 것입니다.

아기들은 특히 목소리 톤이 높은 여성의 목소리에 민감하게 반응하는데요, 그렇기 때문에 엄마가 아이에게 즐거운 수다쟁이가 되는 것은 자녀가 세상의 자극들에 적응하는 힘을 키우고 지적, 사회적, 정서적 발달이 촉진되는 것을 도울 수 있습니다.

생후 2-3개월이 된 영아들도 '바'와 '파', '아'와 '이' 같은 비슷한 소리를 구별할 수 있을 만큼 아기들은 청각적인 자극에 민감합니다. 이렇듯 청각에 민감한 아기들의 언어발달을 도울 수 있는 놀이를 소개해보도록 하겠습니다.

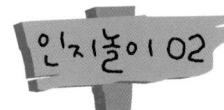 헝겊 그림책 보기 놀이

준비물_ 헝겊 그림책
효과_ 감각자극, 대소근육 발달, 언어발달, 두뇌발달

생후 10개월 무렵이 되면 책장을 넘길 수 있게 됩니다. 아직은 한 장, 한 장 넘길 수는 없지만 그림책에 흥미를 보이며 책장을 넘길 수 있는 것이지요. 헝겊 그림책은 아기들이 쉽게 책장을 넘길 수 있도록 만들어져 있습니다. 그림책을 보고 책장을 넘기며 대소근육을 발달시키고 엄마, 아빠가 말해주는 소리를 들으며 감각을 자극시키고 언어발달을 도울 수 있는 것이지요.

아기들이 책장을 넘길 때 흔히 부모들은 책장을 잘 넘기지 못하는 아기들을 위해서 책장을 대신 넘겨주곤 하는데요, 자녀가 소근육을 발달시키기 위해서는 일상생활에서 그와 관련된 활동을 많이 하는 것이 무엇보다 중요합니다. 아이가 책장을 넘기는 것이 미숙하여 책을 구기거나 찢더라도 스스로 책장을 넘기는 활동을 격려하는 것이 소근육 발달에 좋습니다. 일상생활에서 소근육을 발달시킬 수 있는 기회는 박탈하고 어쩌다가 한 번씩 하는 이벤트성의 놀이는 효과적이지 않다는 것을 기억하도록 합시다.

> **TIP 내 아이 말하기 언어능력 발달을 도우려면?**
>
> 아이의 언어능력이 잘 발달하기를 바라는 마음에서 무작정 말하기만을 시킨다면 오히려 부작용이 생길 수가 있습니다. 내 아이가 앞으로 적극적으로 말하고 발표하고 조리 있게 말하는 언어능력이 잘 발달하기 위해서는 말하기 능력의 기초가 되는 구강구조가 튼튼하고 입술의 소근육이 잘 발달해야 합니다. 비누방울 놀이나 나팔 불기, 피리 불기 등 '후~ 후~' 하며 입술을 적극적으로 움직이는 놀이를 통해서 구강구조를 튼튼하게 하고 입술의 소근육을 잘 발달시켜 나간다면 내 아이의 말하기 언어능력 발달을 효과적으로 도울 수가 있습니다.

신뢰감을 통해 학습능력을  키우는 시기: 3개월-12개월

03

낯가림은 사회성 발달의 시작이다

민서가 두 번째 뒤집기를 하였다. 이제는 팔로 버티기도 제법 잘해서 뒤집기를 하고 목을 들고 버틴다. 이제 식구들 얼굴을 알아보는지 식구가 아닌 사람이 안거나 가까이 오면 표정이 어두워진다. 식구 중에서는 특히 오빠를 좋아한다. 오빠를 알아보고 민서가 좋아하니까 큰애가 더욱 잘 봐주려고 애쓴다. 식구가 아닌 사람이 다가오면 표정이 어두워지고 고개를 돌리는 것을 보면 우리 민서의 낯가림이 시작된 것 같다. 낯가림은 자연스러운 것이라고 하지만 낯가림이 심해져서 수줍은 아이로 자라면 어떻게 하나 걱정이 되기도 한다. 낯가림은 자연스럽게 사라지게 되겠지?

-연수동 민서 엄마의 일기-

낯가림은 일반적으로 생후 6개월 무렵부터 시작됩니다. 낯가림은 자연스러운 발달단계이지만 아기가 낯가림을 본격적으로 하는 모습을 보면 부모들은 왠지 걱정이 되고 불안하게 되지요. 낯가림은 생후 15개월 무렵이 되면 일반적으로 서서히 없어지는 특성이 있지만 낯가림이 심한 아이들은 그 이후까지도 지속되기도 합니다. 낯가림은 분리불안으로도 이어질 수 있는데요, 엄마와 함께 지내다가 잠시라도 엄마가 보이지 않는다면 심하게 보채고 울며 엄마를 찾는 모습을 흔히 볼 수 있습니다.

아기들이 낯가림을 하는 이유는 무엇일까요? 그것은 아기들의 얼굴 지각 능력과 관련이 있습니다.

영아들의 시각체계는 생후 12개월 내에 빠르게 발달하는데요, 생후 2-3개월 정도가 되면 아기들은 얼굴을 지각할 수 있게 됩니다. 이 무렵에는 친숙한 얼굴에 주의를 기울이며 미소를 짓는 등 엄마의 얼굴과 다른 사람의 얼굴을 구별할 수 있게 되는 것이지요. 그러다가 생후 6개월이 넘어가면 슬픈 표정, 기쁜 표정 등의 얼굴표정도 구분할 수 있게 되면서 사회적, 정서적 정보를 얻어내고 그러한 과정을 통해서 사회성을 발달시켜 나가게 되는 것입니다.

그러므로 아이가 낯가림을 한다는 것은 친숙한 사람과 그렇지 않은 사람을 구별할 수 있는 능력이 생겼다는 것을 의미하며, 그것은 곧 사회적인 적응 능력을 키우는 사회성 발달의 시작이라 해석할 수 있습니다.

그런데 낯가림이 정상적인 발달단계라고 해서 아이가 낯을 가리고 분리불안을 보일 때 대수롭지 않게 반응하고 급작스럽게 아이를 떼어놓고 외출을 한다든가 하게 되면 아이에게 큰 심리적 충격으로 다가와 정서발달에 부정적인 영향을 미칩니다. 아이와 적극적으로 스킨십을 하고 말을 걸어주며 애정을 표현하면서 엄마, 아빠가 시간을 분배하여 아이와 친밀감을 형성하고, 엄마, 아빠 외에도 친밀감을 형성하는 다른 사람들이 주변에 있게 된다면 낯가림과 분리불안이 서서히 자연스럽게 사라질 수 있으므로 평상시에 아이의 요구에 민감하게 반응하도록 해야겠습니다.

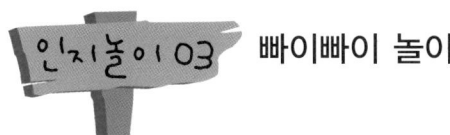 **빠이빠이 놀이**

준비물_ 야외활동에 적합한 옷차림
효과_ 감각자극, 정서 & 사회성 발달, 언어발달

아기들이 낯가림을 시작할 때, 집 밖으로 나가 산책을 하며 주변 세계도 탐색하고 마주치는 사람들과 빠이빠이 인사도 하며 낯선 사람들에 대한 거부감을 완화시켜 나갈 수 있습니다. 아기가 어리다고 집안에만 있는 것보다는 잠깐 동안의 산책을 통해 바깥세상을 알아가도록 도와야 합니다.

마주치는 사람들과 인사하고 지나치는 사물들에 대해서 이름을 얘기해주며 속삭여주면 아이의 언어발달도 자극할 수 있는 것이지요.

> **TIP 아기들은 어떤 얼굴을 좋아할까?**
> 아기들은 매력이 있는 얼굴을 매력이 없는 얼굴보다 더 좋아합니다. 연구 결과들을 보면 아기들은 매력이 없는 얼굴보다 매력이 있는 얼굴을 더 오랫동안 응시하는 것으로 나타났는데, 아기들이 좋아하는 매력 있는 얼굴은 평균 길이의 코, 평균 크기의 턱, 평균 폭의 미간이었습니다.

신뢰감을 통해 학습능력을  키우는 시기: 3개월-12개월

애착, 심리사회적 발달의 첫 단추를 잘 끼워야 한다

영아기 때의 애착형성은 평생에 걸쳐 아이의 인성에 영향을 미친다고 들 해서 조금이라도 더 아이와 함께하며 많이 안아주고 접촉하려고 애쓰고 있다. 나는 조금 소심하고 겁이 많아서 어떤 일이든지 쉽게 결정을 내리지 못하고 망설이는 편인데, 혹시 어렸을 때 애착형성에 어려움이 있었던 것은 아닐까? 내 아이와 애착형성을 잘 해야 할 텐데……. 애착은 아이의 발달에 구체적으로 어떤 영향을 미치는 것일까?

-내수동 수민 엄마의 일기-

애착은 모두 똑같은 형태로 이뤄지는 것은 아닙니다. 엄마와 함께 방에서 놀다가 어머니가 잠시 방을 떠나면 아이는 조금 스트레스를 받기는 하지만 엄마가 다시 방으로 돌아오면 반가워하며 마음의 안정을 찾게 되지요. 이러한 애착을 '안정된 애착'이라고 부릅니다. 한 연구에서 안정된 애착을 형성한 아이들은 초등학교에 입학하였을 때 친구들에게 더 인기도 많았고 불안수준도 낮았다고 보고하고 있습니다.

반면, 엄마와 함께 방에서 놀다가 엄마가 잠시 방을 떠났을 때 무관심한 반응을 보이고 엄마가 방으로 다시 돌아왔을 때도 회피하고 무시하는 모습을 보이는 아이들이 있습니다. 또 엄마가 잠시 방을 떠났을 때 불안해하다가 엄마가 다시 방으로 돌아왔을 때 엄마에게 화를 내고 저항하면서도 곧 달려가 안기는 모습을 보이는 아이들도 있습니다. 이런 모습을 보이는 아이들은 모두 '불안정한 애착'이 이뤄졌기 때문입니다. 불안애착이 이뤄진 아이들은 성인이 되어 타인과 상호작용을 할 때도 불안정한 애착관계를 보이며 안정적인 관계형성에 어려움을 겪게 됩니다.

영아기의 애착형성은 살아가면서 사회적 관계형성과 자아정체감, 안정적인 정서와 그에 따른 과제수행의 질에 매우 중요한 영향을 미치기 때문에 자녀가 부모에게 신뢰감을 느끼고 안정적인 애착을 형성할 수 있도록 일관성 있는 방식으로 자녀를 양육해 가는 것이 중요합니다.

그렇다면 자녀가 안정된 애착을 형성하기 위해서 엄마는 어떤 양육태도를 가져야 할까요? 일반적으로 안정된 애착형성에 영향을 미치는 엄마의 양육태도 중 중요한 두 가지를 살펴보도록 하겠습니다.

첫째, 민감성입니다. 민감성이란 자녀의 요구에 둔감하지 않고 적절하게 즉각적인 반응을 보이는 것을 말합니다. 엄마가 우울하거나 컨디션이 좋지 못해서 아이의 요구에 둔감하게 반응한다면 아이는 사랑받지 못한다고 느끼며 부정적인 감정들을 경험하며 불안정한 애착을 형성하게 됩니다. 그러므로 아이의 요구에 민감하게 대처하는 양육태도는 안정된 애착을 형성하는 데 필수적인 요소입니다.

둘째, 긍정적인 태도입니다. 자녀와 상호작용을 할 때 긍정적인 마음으로 긍정적인 애정표현을 하는 것은 안정된 애착형성에 필수적입니다. 매사에 부정적인 태도와 표정으로 아이를 대한다면 자녀는 불안정한 애착을 형성하게 되는 것이지요.

아이의 요구에 민감하게 반응하고 긍정적인 태도로 애정을 표현한다면 아이는 사랑받고 있다는 것을 느끼며 엄마와 안정적인 애착을 형성해 나갈 수 있습니다. 엄마가 에너지가 없다면 아이에게 민감하게 반응하기 어렵습니다. 엄마 자신의 몸과 마음의 컨디션을 좋게 유지할 수 있도록 노력해야겠습니다.

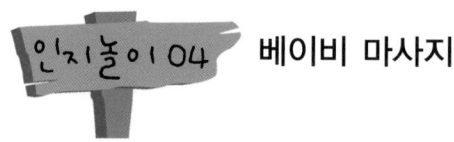 **베이비 마사지**

준비물_ 편안한 음악, 요, 베이비오일이나 크림
효과_ 감각자극, 정서발달, 두뇌발달

목욕은 영아들의 몸을 청결하게 해주고 신진대사를 활발하게 이뤄지도록 돕는데요, 목욕 후에 베이비 마사지를 해주면 더욱 좋습니다. 베이비 마사지는 아이의 감각을 자극하고 엄마와의 친밀감을 형성하는 효과가 있습니다. 조산아를 대상으로 이루어진 한 연구에서 흥미로운 사실이 발견되었는데요,

하루 세 번 15분씩 안마를 받은 조산아들이 인큐베이터에서 안마 없이 생활한 조산아들보다 체중 증가 속도와 신경계의 성장 속도, 운동능력과 정신능력의 발달에서 우세함을 보였습니다. 감각기관을 통해 들어오는 자극과 정보가 인간의 발달에 얼마나 큰 영향을 미치는지를 잘 보여주는 연구 결과이지요. 마사지는 감각을 자극하여 두뇌를 발달시키고 엄마와의 피부 접촉을 통해 정서적 안정감과 신뢰감을 쌓아가는 데 매우 좋은 놀이입니다.

편안한 음악을 틀어놓고 푹신한 요 위에 자녀를 눕힌 후 손가락, 발가락까지 빼놓지 않고 마사지를 해주세요. 향기 좋고 순한 베이비오일이나 크림을 발라 부드럽게 마사지를 해나갑니다. 언어발달을 위한 포인트는 엄마, 아빠가 아이에게 부드럽게 속삭이며 말소리를 들려주고 노래도 불러주며 마사지를 해야 한다는 것임을 잊지 마시기 바랍니다.

> **TIP 직장맘의 애착고민?**
>
> 직장맘들은 아이와 함께하는 시간이 적기 때문에 자녀의 애착형성에 부정적인 영향을 미칠 수 있다는 막연한 불안감을 느끼는 경우가 많습니다. 하지만 엄마가 직장생활을 하면서 규칙적으로 아이와 떨어져 있는 시간이 있더라도 아이와 함께 시간을 보낼 때 민감하고 긍정적인 태도로 아이와 상호작용을 한다면, 엄마의 직장생활로 인해 아이의 안정적인 애착형성에 어려움이 생기지는 않으므로 불안해할 필요는 없습니다.

신뢰감을 통해 학습능력을  키우는 시기: 3개월-12개월

기어다니기 시작할 때 호기심을 더욱 자극하자

불과 얼마 전만 하더라도 앉히면 옆으로 쓰러져서 쿠션으로 양팔을 고정시키거나 큰 곰인형의 양다리 사이에 앉히곤 했는데, 오늘은 기다가 무게 중심을 엉덩이 쪽으로 옮기더니 왼손을 떼면서 털~썩. 본인도 놀랐는지 잠시 어리둥절한 표정을 짓다가 이내 좋다고 싱글벙글. 다시 앞으로 기다가 뒤로 앉고……. 다섯 번이나 반복하는 것 아닌가?
"와~ 수빈이 대단하다. 참 잘하네~" 하루 종일 기어다니다 앉는 것을 수십 번 반복하더니 저녁 무렵에 일찍 퇴근한 아빠를 현관 앞까지 기어서 마중 나간 뒤 또 털~썩. 두 손을 마주치는 걸 보니 우리 보고 박수를 치라고 하는 것 같다. 이제 제법 빠르게 기어다니기 시작한 우리 수빈이를 위해서 어떤 환경을 만들어주는 것이 좋을까?

-여의도동 수빈 엄마의 일기-

인간의 운동발달은 정해진 순서대로 이뤄지도록 프로그램 되어 있습니다. 발달속도에는 아이들마다 차이가 있지만 일반적으로 다음과 같은 운동발달 과정을 거치게 되지요.

3-4개월	손을 뻗어 물건을 잡을 수 있다.
3개월	목을 가눌 수 있다.
4-5개월	엎드린 상태에서 머리를 90도 들어올릴 수 있다.
	몸을 뒤집을 수 있다.
4-6개월	받쳐주면 앉을 수 있다.
6개월	똑바로 세우면 다리에 힘을 준다.
7개월	혼자서 앉을 수 있다.
	손가락으로 물건을 잡을 수 있다.
8개월	기어다닐 수 있다.
9개월	물건을 잡고 설 수 있다.
10개월	물건을 잡고 걸을 수 있다.
11-12개월	책장을 넘길 수 있다.
12개월	혼자서 걸을 수 있게 된다.

생후 1년 동안 우리 아가들의 운동능력은 이렇듯 정해진 순서대로 획기적으로 발달하게 됩니다. 그런데 운동발달과 관련해서 흔히 갖는 오해 중의 하나는, 운동발달이 빠른 아이가 그렇지 않은 아이들에 비해서 '머리가 좋을 것'이라는 것인데요, 운동발달이 평균적인 속도보다 빠른 아이들이 그렇지 않은 아이들에 비해서 더 머리가 좋다고는 할 수 없습니다. 즉, 운동발달의 속도로 아이들의 발달의 질을 평가할 수는 없는 것이지요.

아기들은 기어다닐 수 있게 되면서 주변 세계에 대한 호기심이 날로 왕성해져서 집안 물건들에 대한 본격적인 탐색이 시작됩니다. 기는 활동도 촉진하면서 주변 사물에 대한 호기심을 더욱 자극할 수 있도록 환경을 만들어 나가야 하겠습니다.

 ## 대소근육 발달을 자극하는 아기 탐험놀이

준비물_ 길을 만들 수 있는 부직포, 인형 등 각종 장난감
효과_ 감각자극, 대소근육 발달, 두뇌발달

부직포로 아기가 기어다닐 수 있는 꼬불꼬불한 길을 만들고, 적당한 간격으로 아기의 시선과 호기심을 끌 수 있는 인형이나 장난감을 올려놓습니다. 아기가 기어다니기 시작할 무렵 기다가 앉았다가 기다가 앉았다가 하며 놓여 있는 장난감을 잡을 수 있도록 하면, 기는 활동을 자극하며 주변 세계를 탐색하고 대소근육을 발달시키는 것을 도울 수 있습니다.

TIP 한쪽 다리로 기어다니기?

아이가 기어다니기 시작할 때 종종 한쪽 다리로만 기어다닌다고 걱정하는 부모들을 볼 수 있습니다. 아기가 기어다니는 시기는 아기의 뇌가 폭발적으로 성장하는 뇌 성장 급등 시기에 속하므로 좌뇌, 우뇌의 균형적인 발전을 위하여 아기가 양쪽 다리로 길 수 있도록 도와주는 것이 좋습니다.

신뢰감을 통해 학습능력을  키우는 시기: 3개월-12개월

걸음마는 세상을 향한 첫 걸음이다

저체중아의 기준인 2.5kg을 겨우 넘어 2.57kg의 몸무게로 태어난 수빈이. 아직 또래들의 평균치 몸무게에는 모자라지만 발달상에 문제가 없고 점점 좋아지고 있다고 하니 정말 다행이다. 오늘은 아기체육관을 붙잡고 밀며 앞으로 몇 발자국씩 걷기 시작했다. 본인도 신기한지, 입을 크게 '아~' 벌리고 계속 밀며 걷는다. 저녁에는 친정에 가서 같이 저녁을 먹었는데, 구석에 있던 박스 쪽으로 기어가더니 그걸 잡고 일어서서 밀며 걷는다. 박스 잡고 엉덩이를 뒤뚱거리며 걷는 수빈. 게다가 이젠 눈 크게 뜨고 입을 꼭 다물고 집중하면서 열심히 걷는다. 온 식구가 박장대소를 하며 웃었다. 행복한 하루다. 수빈이가 뛰어다니게 되면 오늘 수빈이의 걸음마가 떠오를 것 같다.

-여의도동 수빈 엄마의 일기-

아이가 세상을 향해 첫 걸음마를 떼게 되면서 아이를 둘러싼 환경에는 급격한 변화들이 시작됩니다. 부모의 입장에서는 아이가 걸음마를 시작하고 걸을 수 있게 되면 아이가 균형을 잃고 다치지나 않을까 걱정하게 되고, 이때부터 흐트러지는 집안을 바라보며 정리정돈과의 전쟁이 시작되는 것이지요. 기고, 걷고, 뛰고, 아이의 운동발달은 이렇게 정해진 순서에 따라 이뤄지지만 운동을 배우는 기회가 없다면 아이들의 운동발달에 치명적인 결과가 생길 수도 있습니다.

　한 연구에서 시설에서 자라는 고아들을 대상으로 운동발달을 연구하였는데요, 생후 2년간 대부분을 침대에서 누워 지낸 영아들이 생후 2년이 되었으나 누구도 걸을 수가 없었고, 이 아이들의 절반 이하만 다른 사람의 도움 없이 앉을 수 있다는 충격적인 결과를 보였습니다. 운동을 연습할 기회가 부족하면 운동발달이 억제될 수도 있는 반면, 운동을 연습할 기회가 풍부하다는 것은 운동발달을 빠르게 하는 것을 도울 수 있는 것이지요.

　운동기술이 발달한다는 것은 단순히 운동능력이 향상된다는 것으로 그치는 것이 아니라 사물에 대한 정보를 더 잘 얻어낼 수 있다는 것을 의미하며, 이것은 인지적, 사회적, 정서적으로 막대한 영향을 미치게 되는 것입니다. 그러므로 아이가 세상을 향해 첫 걸음을 내딛는 시기에 우리 부모들은 아이가 균형을 잡고 한 걸음 한 걸음 내딛으며 운동기술을 발달시켜 나갈 수 있도록 환경적 자극을 제공해야겠습니다.

인지놀이 06   엄마, 아빠와 함께 발자국 밟기

준비물_ 발자국 모양으로 오린 여러 시트지

효과_ 대소근육 발달, 균형감각 발달, 애착형성, 두뇌발달

아이가 걸음마를 떼기 시작할 때 엄마, 아빠의 손을 꼬옥 잡고 걷는 연습을 하면 엄마, 아빠와 애착도 형성하면서 신체의 균형감각도 기르고 운동기능을 발달시킬 수 있습니다.

발자국 모양으로 오린 알록달록한 시트지를 바닥에 적절한 간격으로 붙이고 엄마, 아빠가 양쪽에서 아이의 손을 붙잡고 아이가 발자국 모양의 시트지를 밟으며 걸을 수 있도록 도와줍시다. 발자국 모양의 시트지를 밟아 나가면서 정해진 규칙을 따르는 것을 배워나갈 수도 있는 일석삼조의 효과가 있습니다. 아이가 발자국을 따라가기 전에 엄마, 아빠가 천천히 시범을 보여주면 더욱 좋습니다.

엄마, 아빠와 함께 자녀가 발자국 모양을 밟아가며 집중력도 키우며 대소근육도 발달시킬 수 있도록 지도해봅시다. '발자국 밟기' 놀이는 가정에서 손쉽게 준비해서 대소근육과 균형감각 발달을 도울 수 있어 더욱 좋습니다.

TIP 곧은 자세를 취하면 운동발달이 촉진된다?

팔다리를 쭉쭉 펴주고 곧은 자세로 서거나 앉으면 운동발달이 촉진된다고 합니다. 곧은 자세로 서거나 앉으면 영아들의 목, 몸통, 다리가 강해지고 이러한 신체 부위가 튼튼해지는 것은 앉기, 서기, 걷기와 같은 운동발달을 빠르게 할 수 있도록 돕는 것이지요. 우리 부모들은 아이가 갓난아기일 때부터 다리를 쭉쭉 펴주며 다리 마사지를 해주는데요, 대부분은 다리가 길어지길 바라는 마음에서 마사지를 해줍니다. 하지만 영아기 때 다리 마사지를 해주고 바른 자세를 취해야 하는 이유를 부모가 구체적으로 알고 있다면 단순히 "다리야, 길어져라~~" 하는 심정으로 마사지를 하는 것보다 더 효과적으로 자녀의 운동발달을 도울 수 있는 것이지요.

신뢰감을 통해 학습능력을  키우는 시기: 3개월-12개월

호기심 천국, 아기의 감각을 자극하자

신랑이 수빈이와 함께 셋이서 회사 근처에서 점심을 먹자고 했다. 오전 낮잠을 잘 시간이지만 흰 블라우스에 하늘색 점퍼스커트, 그리고 흰색 니트 모자를 갖춰 입힌 후 아기 띠를 하고 명동으로 출발~! 수빈이에게는 두 번째 버스 나들이다. 창 밖의 경치도 유심히 살펴보고, 버스 안이 신기한지 둘러보고, 사람들의 얼굴을 보며 웃어주기도 한다. 의자나 손잡이 등은 관심 있어 하면서도 두려워서인지 차마 손은 대어보지 못한다. 아빠를 보자 입이 찢어질 정도로 함박웃음을 보이고 좋아서 팔도 흔들고 아빠를 향해 몇 걸음 떼기도 한다. 수빈이에게는 바깥세상이 마냥 신기하기만 한 것 같다. 눈앞에 펼쳐지는 세상을 보며 우리 수빈이는 무슨 생각을 할까?

-여의도동 수빈 엄마의 일기-

아기들의 감각, 운동, 인지능력이 한층 발달하게 되면서 주변 세상에 대한 호기심은 가히 폭발적으로 발전한다고 볼 수 있습니다. 어찌 보면 주변 세상을 탐색해 나가기 위해서 우리 아기들은 운동기능을 발달시켜 나가는 것처럼 느껴지기도 하지요.

일반적인 아이들이 기어다닐 수 있게 되고 호기심이 증폭되어 생후 10개월 무렵이 되면, 집안의 물건들에 호기심을 가지고 궁금해하는 특징을 보이게 됩니다. 아이들이 주변 세상에 관심을 보이고 호기심을 보일 때 엄마, 아빠는 더욱더 발 빠르게 반응을 보여야 하지요. 자녀는 한창 세상에 대한 궁금증이 자라나고 있는데 엄마, 아빠가 적절한 반응을 보여주지 않는다면 세상을 배워나가려는 아이의 동기는 날개를 달지 못할 것입니다.

자녀가 집안 구석구석에 호기심을 보이며 온몸으로 학습을 해나가는 영유아 시기에 효과적인 교육법은 감각을 자극하는 것인데요, 시각, 청각, 후각, 촉각, 미각의 오감과 관련된 감각기관으로 들어온 정보는 두뇌에 전달되어 사고와 감정을 일으키게 됩니다. 심리학자 피아제나 교육자 슈타이너, 몬테소리 등 저명한 학자들은 아동의 발달단계에 관한 연구에서 오감을 통한 감각교육을 강조하고 있는데, 이는 영유아기와 아동기가 발달적 특성상 주변 환경으로부터 받아들이는 다양한 감각자극의 영향을 많이 받고 감각기관의 발달이 왕성하게 일어나는 시기이기 때문이지요.

다양한 감각적 경험이 있는 사람의 경우에는 더 풍부하고 적극적인 사고를 통해 학습하는 모습을 보이지만 그렇지 못한 경우에는 소극적이고 제한된 사고를 통해 학습하는 모습을 보이게 됩니다. 최근에는 평생학습의 개념이 강조되고 노년층이 늘어남에 따라 영유아나 아동기의 교육뿐만 아니라 노년층, 청장년층의 교육에도 감각자극 교육의 중요성이 커지고 있는 상황이지요.

"이건 나무야", "이건 자동차야, 빵빵~", "저건 책상이야", "와~~ 너무 귀

여운 강아지구나!" 하며 엄마, 아빠가 아이에게 즐거운 수다쟁이가 되어준다면, 아이는 엄마, 아빠의 사랑과 관심을 온몸으로 느끼며 주변 세계를 하나하나씩 효과적으로 배워나갈 수가 있습니다.

청각과 대소근육 발달을 자극하는 악기놀이

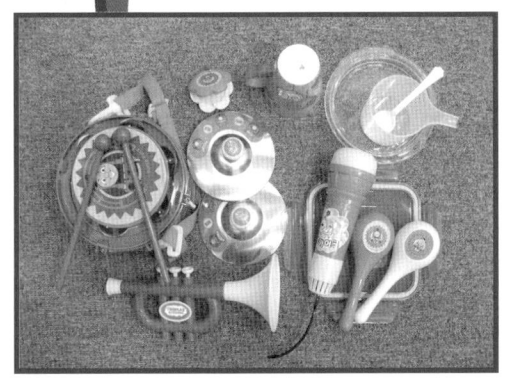

준비물_ 각종 소리 나는 악기, 각종 소리 나는 주방기구, 막대기
효과_ 엄마와의 놀이를 통한 정서발달, 감각자극, 시각-운동 협응 능력 발달, 대소근육 발달, 두뇌발달

영아들은 물건을 내리쳐서 소리 내는 것을 즐기고, 소리를 흉내 내게 됩니다. 주변 세계에 대한 아이의 호기심을 자극하고 물체들에 대한 다양한 경험을 할 수 있도록 악기놀이를 해보도록 합시다.

장난감 피아노도 두드려보고 냄비도 두드려보고 엄마의 탬버린 소리, 딸랑이 흔드는 소리도 들어봅니다. 이는 청각이 자극되고 대소근육 발달이 이뤄지는 효과가 있습니다. 엄마와 함께 악기놀이를 하며 정서적 유대감을 형성하고 성취감을 느끼고 '두드리니까 소리가 난다'는 인과관계도 배워나갈 수 있는 것이지요. 장난감용으로 시중에서 판매하는 악기도 좋지만, 집안에 있는 냄비 등 각종 주방기구나 다른 물건들을 활용하여 두드리며 악기놀이를 하면 아기들이 매우 신기해하며 즐거워할 것입니다.

TIP 대표적인 오감자극 놀이법

공원 나들이
아이와 함께 공원 나들이를 해봅시다. 아이의 눈에 들어오는 세상의 다양한 시각적 자극을 보며 아이에게 하나하나 말을 해봅니다. "와, 아기다 아기!", "나무, 나무", "가방, 가방", "와, 저건 빵빵 자동차!", "빨간 풍선이네……" 온 세상의 신기한 대상을 하나하나 가리키며 아이의 시각을 자극하는 것이지요.

물건 두드리기
아이와 함께 집안에 있는 물건들을 두드려봅시다. 유리컵을 두드릴 때의 맑은 소리, 물을 따를 때 나는 쪼르륵 소리, 장난감 자동차의 경적을 누르는 소리, 나팔을 불 때 나는 소리 등 다양한 물건에서 나는 소리를 들으며 아이의 청각이 자극됩니다.

음식 냄새 맡기
아이가 좋아하는 음식에서 나는 냄새를 함께 맡아보도록 합시다. 빵 냄새, 과자 냄새, 토마토 냄새 등 여러 다양한 냄새를 맡아보도록 합니다.

다양한 재질 만져보기
매끄러운 것, 차가운 것, 따뜻한 것, 거친 것 등 다양한 재질의 물건을 만져보며 촉각을 자극시키고 촉감을 발달시키는 것을 돕도록 합니다.

여러 질감 음식 맛보기
쿠키, 사과, 귤, 땅콩, 생크림 등 다양한 질감의 음식을 사용하여 아이의 미각을 자극해보도록 합니다.

신뢰감을 통해 학습능력을 키우는 시기: 3개월-12개월

"엄마"라는 말은 폭발적인 어휘 증가의 신호탄이다

"엄마! 엄마!" 그 작은 입에서 뚜렷하게 나오는 소리, 엄마……. 도대체 언제쯤, 어느 순간에 우리 아이의 머릿속에 '엄마'라는 단어가 입력된 것일까? 나도 우리 아이 나이 때 "엄마"라고 처음으로 뚜렷하게 말한 순간이 있었겠지……. 그때 우리 엄마의 심정이 바로 지금의 내 심정과 똑같았으리라 생각한다. 옹알이를 하던 것이 엊그제 같은데 이제 "엄마"라고 뚜렷하게 발음을 하는 것을 보니 다음 말은 어떤 것일까 기대가 된다. 아이가 말하는 것을 돕기 위해서 나는 어떻게 해야 할까?

-석촌동 현서 엄마의 일기-

아이가 옹알옹알 옹알이를 하다가 어느 순간 "엄마", "맘마"라고 뚜렷하게 말을 하는 시기가 오면 부모는 온 세상을 다 얻은 듯 감동을 받게 됩니다. 아이들은 옹알이로 출발해서 '엄마'나 '맘마' 등 처음으로 의미 있는 단어를 말하기 시작하고 두 단어를 연결하다가 4-5세 무렵에는 수천 개 이상의 단어의 뜻을 알게 되지요.

자녀들은 성장해 나가면서 주변 사람들의 말을 잘 듣고 '모방'을 통해 언어를 습득해 나가게 됩니다. 그래서 우리 부모들은 즐거운 수다쟁이가 되어야 하는 것이지요. 장난감을 가지고 놀면서 엄마, 아빠가 들려주는 이야기를 듣고, 또 엄마, 아빠가 책을 읽어주는 소리를 들으면서 아이들의 언어발달은 더욱더 촉진되는 것입니다.

생후 1년 동안 영아들의 언어발달은 어떤 과정을 거치게 되는지 정리해보도록 하겠습니다.

3개월	소리 내어 웃을 수 있다.
4개월	옹알이를 많이 한다.
4-5개월	ㅁ, ㄷ, ㅂ 과 같은 자음 소리를 내기도 한다.
7-9개월	"엄마"라고 말을 흐릿하게 하기 시작한다.
9개월	"안 돼"라는 말에 반응할 수 있다.
10개월	한두 단어를 말할 수 있다.
11-12개월	"엄마"라는 말을 분명하게 할 수 있다.

영아가 첫 단어를 말하기 시작했다는 것은 이제 어휘 습득이 폭발적으로 일어나게 된다는 신호탄입니다. 집안 구석구석에 있는 사물들의 이름을 하나씩 하나씩 아이에게 설명해주세요. "이건 문이야", "이건 종이야", "이건 장난감이야", "저건 바구니지" 하면서 말이지요. 엄마, 아빠의 즐거운 수다가 자녀의 언어발달을 촉진할 것입니다.

인지놀이 08 마이크 녹음기 놀이

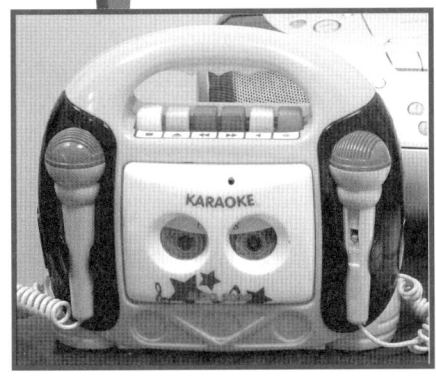

준비물_ 마이크 달린 장난감 녹음기
효과_ 말하기 & 듣기 능력 발달, 집중력 발달, 감각자극, 두뇌발달

아이들은 소리에 민감하게 반응하지요. '맘마', '엄마'와 같은 말을 분명하게 할 수 있게 되는 생후 10개월 이후부터 자신의 소리를 더 크게 들을 수 있도록 마이크가 달린 장난감 녹음기로 즐거운 놀이를 해보도록 합시다. 마이크를 통해 나오는 자신의 소리와 엄마, 아빠의 소리에 아이의 눈이 반짝, 귀가 쫑긋~ 하게 될 것입니다! 마이크를 통해 나오는 소리에 신기해하고 알록달록 장난감 녹음기의 버튼을 이것저것 눌러보면서 아이가 녹음기의 세계로 푹 빠지며 즐거운 말하기 & 듣기 놀이를 하는 것이지요. 집중력도 발달시키면서 아이의 말하기 & 듣기 능력을 자극해보도록 합시다.

> **TIP 명명폭발!**
> 일반적으로 첫 단어를 말하기 시작하면서 아이들은 깜짝 놀랄 만한 속도로 새로운 단어를 배워나가게 되는데요, 이 시기에 아이들이 배워나가는 새로운 단어는 주로 주변에 있는 사물의 이름이기 때문에 '명명폭발'이라고 일컬어집니다.

신뢰감을 통해 학습능력을  키우는 시기: 3개월-12개월

분리불안은 정상적인 발달단계이다

언제부터인가 아기가 방긋방긋 웃으며 잘 놀다가도 옆에 사람이 없어지면 이내 울음을 터트려버린다. 특히, 엄마와 하루 종일 시간을 같이 보내서 그런지, 내가 잠시라도 옆에 보이지 않으면 아기가 온 집안이 떠나가라 운다. 옆에 사람이 없으면 아이가 불안해지는 것 같다. 친척들 모임이 있을 때도 아기가 나와 떨어지려 하질 않으니 다른 일을 할 수가 없어서 여간 난감한 일이 아니다. 너무 엄마와 붙어 지내서 그럴까?

-서초동 지영 엄마의 일기-

아이들이 낯가림이 시작되고 낯선 사람에게 불안을 느끼게 되면서부터 엄마와 떨어지지 않으려는 분리불안 현상을 보이게 되는데요, 이때 아이의 이런 모습을 보고 행동을 수정한다는 명목하에 억지로 아이를 떼어놓으려 한다든가 낯선 사람에게 아이를 안겨주는 경우가 많이 있습니다.

그런데 엄마, 아빠와 신뢰감을 쌓고 애착을 형성하는 시기에 아이의 분리불안을 급작스러운 방법으로 없애려 한다면 오히려 그 부작용은 더 심해져서 아이의 분리불안을 가중시키는 결과를 낳게 됩니다. 영아들이 분리불안을 느끼는 시기에는 간단한 놀이를 통해서 분리불안을 서서히 완화시켜 나가는 것이 효과적입니다.

영유아기를 벗어나 학교를 다니는 초등학생들과 사춘기 청소년, 그리고 성인들도 오랜 시간 친밀한 사람과 분리되는 경우 불안과 우울한 감정을 경험하는 것을 생각해본다면 영아들이 분리불안을 보이는 것은 너무나 자연스러운 일이지요.

아이가 분리불안을 보이며 울부짖는다고 해서 무서운 표정을 지으며 아이를 나무라는 모습을 보이는 실수를 해서는 안 되겠습니다. 분리불안을 보이는 아이를 보면서 당황하거나 부정적인 눈빛으로 아이를 대하게 된다면 낯선 사람에게 보이는 공포나 낯선 상황에 대한 불안은 더욱더 커지게 된다는 것을 기억합시다.

 **까꿍놀이**

준비물_ 손수건
효과_ 감각자극, 정서발달, 두뇌발달

　손수건으로 얼굴을 가렸다가 "까꿍" 하며 나타나는 엄마, 아빠의 얼굴을 보며 아기는 눈앞에 보이지 않는다고 다 사라지는 것은 아니라는 것을 배워 나갈 수 있습니다. 사라졌다 나타나는 엄마, 아빠의 얼굴을 보며 신뢰감을 발달시켜 나갈 수도 있지요. 다시 보이는 엄마, 아빠의 얼굴을 보며 아기는 안심하고 까르르 까르르 웃으며 매우 즐거워합니다.

TIP　영아들은 왜 분리불안을 느끼는 것일까?

영아의 분리불안을 설명하는 이론들 중에서 인지발달적인 관점으로 설명하는 이론이 있습니다. 즉, 영아들은 주 양육자가 눈앞에서 사라질 때 그 사람이 어디로 갔는지를 알 수 없는 '불확실성' 때문에 불안을 느끼게 된다는 것이지요. 자신에게 친숙한 환경인 집안에서 엄마, 아빠가 멀리 떨어져 있는 경우보다 현관문을 닫고 밖으로 나가는 경우에 분리불안을 심하게 보이는 모습을 떠올리면 영아들의 분리불안의 이유를 잘 이해할 수가 있습니다.

신뢰감을 통해 학습능력을  키우는 시기: 3개월-12개월

혼자 걷기는 또 다른 세상의 시작이다

오늘은 내 생일. 수빈이에게 너무나도 멋진 생일 선물을 받았다. 우리 수빈이가, 드디어 걷기 시작!! 손을 잡아주면 걷다가도 손을 떼면 무섭다며 주저앉고 말던 수빈이가 결국 두어 발짝 걸어도 제대로 걷지 못하다가 드디어 열 걸음을 걷게 되었다. 그게 바로 오늘!! 늦게까지 칭얼거리며 나를 기다린다고 잠 안 자고 있더니, 걷는 모습을 보여주어 이 엄마를 감동시키려 했나 보다. 세상을 향해 첫 걸음을 내딛은 우리 수빈이와 어떻게 하면 더 즐겁게 놀아줄 수 있을까?

-여의도동 수빈 엄마의 일기-

엄마, 아빠의 손을 잡고 아장아장 걷던 아이가 돌 무렵이 되면서 주변의 도움 없이 혼자서 걸을 수 있게 되면 엄마, 아빠는 마냥 신기하기만 합니다. 음악이 나오면 몸을 흔들며 춤을 추기도 하는 아이의 모습은 그야말로 사랑스러움 그 자체이지요.

　"엄마"라는 첫 단어를 말하게 되면서 폭발적인 언어발달이 이뤄지는 것처럼, 혼자서 걷기는 폭발적인 운동기능 발달의 신호탄이라고 할 수 있습니다. 일반적으로 혼자 걷기 시작하는 무렵과 첫 단어를 분명하게 말하는 시기가 비슷하고 이때부터 폭발적인 언어발달과 운동기능 발달이 본격적으로 시작되니, 혼자서 걷기를 시작했다는 것은 아이 앞에 또 다른 세상이 열리고 있다는 것을 의미하는 것이지요.

　혼자서 걷기 시작한 아이들은 한 걸음 한 걸음을 내딛으며 자신의 발을 유심히 보기도 하고 마치 새롭게 익힌 운동기술을 시험해보는 듯 팔다리의 움직임을 주의 깊게 관찰하는 모습을 보이기도 합니다.

　생후 1년 동안 눈에 띄는 발달을 보인 운동기능들은 이후 아이들이 자율성과 주도성을 기르며 독립적으로 행동하려는 성향을 강화시키게 되는 것이지요. 집안 구석구석을 잘 점검하고 위험한 요소들을 없애서 아이들이 안전하게 집안 구석구석을 탐험해 나갈 수 있는 환경을 만들어줘야 하겠습니다. 걷는 것도 힘든 아이들이 자신을 다치게 할 수 있는 장애물들을 피해 다닌다는 것은 참으로 어려운 일이니까요. 아이들이 움직임에 방해를 받는다면 운동기능이 억제될 뿐만 아니라 새롭게 무엇인가를 시도하려는 동기를 위축시키게 되므로 민감하고 세심한 부모의 대처가 필요한 것이지요.

균형감각과 집중력을 발달시키는 색종이 징검다리 놀이

준비물_ 아이의 발이 충분히 들어갈 수 있는 크기의 색종이 여러 장
효과_ 균형감각과 집중력 발달, 감각자극, 대소근육 발달, 두뇌발달

징검다리를 건너는 모습을 떠올려봅시다. 징검다리를 잘 건너기 위해서는 팔다리의 힘의 균형을 잘 맞춰야 합니다. 양팔과 양다리의 균형을 잘 맞추는 활동을 통해서 좌뇌와 우뇌를 골고루 자극하게 되는 것이지요.

실제로 징검다리를 건너는 활동을 하면 좋겠지만 아직은 이 시기의 자녀들에게는 위험하므로 징검다리를 변형하여 '색종이 다리'로 응용해보겠습니다. 색종이를 A4 용지 정도의 크기로 넉넉하게 만든 다음 일정 간격을 두고 5개 정도를 쭉 늘어놓습니다. 그런 다음 엄마가 먼저 색종이 위에만 발로 디딜 수 있다는 동작을 보여주며 자녀가 따라 하도록 하고 엄마, 아빠가 도와줍니다.

TIP 신체움직임과 학습효과

신체의 움직임은 운동중추인 소뇌를 자극하게 됩니다. 소뇌는 몸의 균형이나 움직임과 관계된 기능만을 담당하는 것이 아니라 기억, 주의, 정서, 언어 등과 밀접한 관련이 있다는 연구물들이 쏟아지고 있지요. 신체의 움직임을 통해서 소뇌를 자극하면 두뇌발달이 촉진되어 결국 학습에도 효과적입니다. 우리 자녀들이 몸을 자유롭게 움직이며 두뇌를 발달시킬 수 있는 환경을 만들어줍시다.

종이 찢기는 영아들이 좋아하는 활동입니다. 종이를 찢기 위해서는 적절한 힘을 주고 시각-운동 협응이 잘 이뤄져야 가능하기 때문에 아이들의 대소근육을 발달시키고 눈으로 보고 손으로 처리하는 활동 능력 향상을 위해 매우 유익한 인지놀이입니다.

자율성을 통해 학습능력을 키우는 시기:
12개월-24개월

어른들의 시각에서 보면 놀이라는 것은 유치하게 보이기도 하고 단순히 '논다' 라는 시각으로 보여지기도 해서, '공부를 저렇게 놀 때처럼 열심히 하면 얼마나 좋을까?' 하는 생각을 하기도 합니다. 하지만 놀이는 영유아에게 있어서 그 자체로 매우 중요한 학습방법이기 때문에 영유아의 생활에서 매우 중요하게 관찰되어야 하고 적극 지지해줘야 하는 활동입니다.

자율성을 통해 학습능력을 키우는 시기: 12개월-24개월

아이들은 놀이를 통해 세상을 배워나간다

아이와 함께 신나게 놀아주고 싶은 마음은 굴뚝같은데 어떻게 놀아주어야 할지 솔직히 잘 모르겠다. 아이가 금방 싫증을 내는 장난감을 끝임없이 사주기도 그렇고 아이와 어떻게 하면 즐겁게 놀아줄 수 있을까 막막하기만 하다. 장난감 가게에서 판매하는 장난감들은 어른인 내가 봐도 한눈에 시선을 확 끌 정도로 신기한 것이 많지만 비용이 만만치 않다. 어떻게 하는 것이 좋은 놀이일까?

-반포동 형민 엄마의 일기-

놀이는 즐거움을 얻기 위해 자발적으로 이루어지는 활동을 말하지요. 그러므로 강요에 의하거나 의무적으로 이루어지는 것은 놀이라고 볼 수 없으며, 놀이는 심리적으로 즐거움과 재미를 얻을 수 있는 활동이어야 합니다.

어른들의 시각에서 보면 놀이라는 것은 유치하게 보이기도 하고 단순히 '논다'라는 시각으로 보여지기도 해서, '공부를 저렇게 놀 때처럼 열심히 하면 얼마나 좋을까?' 하는 생각을 하기도 합니다. 하지만 놀이는 영유아에게 있어서 그 자체로 매우 중요한 학습방법이기 때문에 영유아의 생활에서 매우 중요하게 관찰되어야 하고 적극 지지해줘야 하는 활동입니다.

영유아들은 놀이를 통해 신체와 정서를 발달시키고 규칙을 따르며 도덕성과 사회성을 발달시켜 나갑니다. 또한 문제해결력, 창의력, 집중력 등 인지적 기능을 향상시켜 전체적인 지적 능력을 발달시켜 나가지요. 지적 발달, 사회성 발달, 성격발달이 균형을 잘 이뤄나갈 때 성숙한 어른으로 성장해 나갈 수 있기 때문에 영유아들의 놀이는 성숙한 어른으로 성장해 나가는 데 매우 중요한 역할을 하는 것입니다.

그러므로 영유아들에게 있어 놀이란 세상을 배워나가는 가장 중요한 활동 중 하나이며 억압된 감정이나 분노, 화, 스트레스를 해소시킬 수 있는 삶의 비타민과 같은 것이지요.

영유아기 때는 놀이를 통해 세상을 배워나갑니다. 영유아기에 학습이 잘 이루어지려면 무엇보다 동기가 중요한데, 이 동기를 자극하는 가장 효과적인 학습방법이 바로 놀이입니다. 놀이를 통한 학습이 영유아의 인지발달에 큰 영향을 미치는 것이지요. 즐겁고 재미있기 때문에 또 하고 싶다는 생각이 들고, 어떤 것에 대한 활동을 유지시켜주면서 필요한 정보들에 대하여 학습을 해나가는 것입니다.

무엇보다 중요한 것은, 아이들에게 즐거운 놀이환경을 제공하고자 발달단계를 고려하지 않은 값비싼 장난감을 손에 쥐어주는 것보다는 숟가락으로 냄비를 두드리고 엄마, 아빠와 함께 간지럼을 태우고 깔깔거리는 놀이가 훨씬 효과적이라는 것을 잊지 말아야겠습니다.

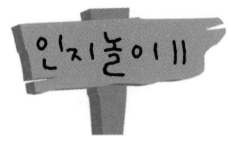 **즐거운 물놀이**

준비물_ 따뜻한 물을 받은 욕조, 물 위에 뜨는 각종 장난감, 비누, 샴푸, 타월, 로션 등 각종 목욕용품
효과_ 엄마와의 스킨십을 통한 정서발달, 감각자극, 인과관계 개념 습득, 무게 개념 습득, 대소근육 발달, 두뇌발달

욕조에 물을 받아놓고 엄마와 함께 목욕을 하는 모습을 떠올려보세요. 정말 정겹지요? 목욕도 하며 물놀이도 하는 활동을 통해 엄마에게 친근감을 느끼고 첨벙첨벙 발장난도 치며 운동능력을 발달시킬 수 있습니다. 엄마의 속삭이는 말을 들으며 듣기 능력을, 신체적 접촉을 통해 촉각을, 물 위에 둥둥 떠다니는 장난감들을 통해서 사물에 대한 지각을 발달시키고, 삑삑 소리가 나는 장난감을 통해서는 '누르면 소리가 난다'는 인과관계를 배워나갈 수 있습니다. 또한, 물 위에 뜨고 가라앉는 것을 통해서 무거운 것과 가벼운 것의 차이를 느낄 수도 있지요.

엄마와 함께 물놀이를 하면서 손으로 물을 쳐보고 발로 물장구를 쳐보며 즐거운 시간을 갖도록 합시다. 물놀이도 하고 목욕도 하면서 피부도 청결하게 하고 신진대사를 촉진시켜 자녀의 성장을 효과적으로 도울 수 있습니다.

TIP 물놀이 주의사항

물놀이를 할 때는 아이의 연령에 따라 엄마, 아빠가 곁에서 아이 몸의 균형이 잘 잡힐 수 있도록 보호해야 합니다. 물놀이를 할 때 눈, 귀, 코, 입에 쉽게 물이 들어가기 때문에 아직 방어능력이 없는 아이들에게는 물에 대한 거부감이 생길 수 있기 때문이지요.

자율성을 통해 학습능력을  키우는 시기: 12개월-24개월

너무 빠른 배변훈련은 아이의 죄책감을 발달시킨다

예전에 휴대용 플라스틱 변기를 천 원에 판매하길래 사두었다. 그런데 오늘 점심시간, 응가를 할 때 나오는 표정을 지으며 내 손을 끌며 뭐라고 뭐라고 얘기를 한다. 혹시나 싶어 기저귀를 벗기고 변기에 앉혔더니, 처음 앉아보는 거라 처음엔 어색해하더니 곧 응가를 했다. "민지가, 응가했구나, 정말 잘했어요" 라고 웃으며 칭찬했더니 응가한 통을 손가락으로 가리키며 계속 웃고 좋아했다. 하지만 이제 갓 돌이 지난 민지를 억지로 배변훈련 시킬 생각은 없다. 또, 예전과는 다르게 요즘에는 배변훈련 시 아이들이 받는 스트레스가 상당하다며 자연스레 기저귀를 떼는 것을 권하는 경향이기에 더욱더 그런 생각은 없다. 우리 아기 배변훈련은 언제쯤, 어떻게 시키는 것이 효과적일까?

-여의도 동 민지 엄마의 일기-

배변훈련이란 아기가 오랫동안 자신의 몸을 감싸고 있던 기저귀를 떼고 변기에 배변을 하도록 연습시키는 과정이지요. 영아들은 자신에게 친숙한 사람과 분리되는 것에 대한 분리불안을 가지게 되고 이러한 현상은 매우 자연스러운 발달단계라고 앞서 설명하였는데요, 기저귀라는 것 또한 영아들에게는 단순한 물리적 사물 이상의 것을 의미하기 때문에 기저귀를 뗀다는 것은 매우 불안한 사건이 되는 것이지요.

일반적으로 본격적인 배변훈련은 18-24개월 사이에 시작하는 것이 적절하다고 하는데, 이 무렵에 아이들이 대소변을 보고 싶은 것을 느끼고 화장실에 갈 때까지 참을 수 있도록 조절하는 근육이 발달하기 때문입니다.

배변훈련 과정에서 영아들은 방광과 괄약근을 조절해야 하고 이와 관련해서 실패를 하게 되면 그 과정에서 느끼는 좌절과 혼란은 자칫 잘못하면 아이들에게 매우 부정적인 영향을 미치므로 배변훈련 시에 보이는 부모의 양육태도는 참으로 중요한 것이지요.

생후 18개월 무렵부터는 아이들이 심리사회적 발달단계상 자율성을 발달시켜야 하는 때입니다. 성공적인 배변훈련은 아이들이 성취감을 느끼면서 자율성을 발달시켜 나가는 것을 돕기 때문에 배변훈련 시에 일어나는 실수와 좌절감을 잘 극복하면서 성공적으로 배변훈련 과정을 마칠 수 있도록 부모가 여유와 인내심을 가지고 아이를 격려해야 합니다.

배변훈련 과정에서 실수를 하는 아이를 비난하거나 다그친다면 자녀는 자율성을 발달시켜 나가는 것이 아니라 수치심과 회의감을 발달시켜 나가고 이후의 발달단계에도 매우 부정적인 영향을 미치므로 부모의 세심한 배려가 필요하다는 것을 잊지 말아야겠습니다.

조금씩 연습하면 늦어도 36개월 무렵에는 대소변을 완전히 가릴 수 있게 되므로 무리하게 배변훈련을 시킬 필요는 없는 것이지요. 만약 아이가 표현이 서툴러서 배변훈련이 쉽지 않다면, 대소변이 마려울 때 손으로 변기를 가리키게 한다든가 하는 방식으로 훈련을 시키는 것이 효과적입니다.

 **배변훈련 파트너 놀이**

준비물_ 장난감 변기, 실제 변기
효과_ 정서적 안정, 효과적인 배변훈련, 자율성 발달

효과적인 배변훈련을 위해서는 정서적 안정이 무엇보다도 필요합니다. 기저귀를 떼는 불안을 극복하며 안정적인 정서로 변기와 친해지려면 평안을 주는 친숙한 사람, 즉 엄마, 아빠와 파트너가 되는 것이 매우 효과적입니다.

장난감 변기에 배변을 하는 역할놀이를 통해 변기와 친숙해지고 엄마, 아빠와 손을 잡고 함께 변기로 가서 노래도 부르고 대화도 나누며 배변훈련을 한다면 아이에게는 더할 나위 없는 위안이 될 것입니다. 배변 모습을 사진으로 찍으면서 아이에게 즐거운 놀이처럼 인식시킨다면 더욱 효과적입니다.

독립심과 자율성을 키운다는 명목하에 준비가 되지 않은 아이에게 스스로 배변하는 것을 강요하거나 그렇지 못했을 경우 부정적인 메시지를 준다면 배변훈련은 오히려 시간이 더 걸리게 된다는 것을 잊지 말아야겠습니다.

> **TIP 인형은 또 다른 배변훈련 파트너!**
>
> 아이에게 마음의 위안과 안정을 주는 친숙한 인형은 아이의 훌륭한 배변훈련 파트너가 될 수 있습니다. 인형을 장난감 변기에 앉히고 배변하는 놀이를 하면서 변기와 친해지고 엄마, 아빠뿐만 아니라 인형도 함께 변기 근처에 놓고 아이가 마음의 위안을 받는다면 더욱더 효과적으로 배변훈련을 해나갈 수가 있는 것이지요.

자율성을 통해 학습능력을  키우는 시기: 12개월-24개월

낙서를 통해 쓰기능력을 발달시켜 나가자

돌이 지나면서 아이가 부쩍 호기심이 많아졌다. 엄마, 아빠가 종이에 뭔가를 쓰고 있으면 꼬불꼬불 우리 미진이도 엄마, 아빠를 따라서 뭔가를 쓰려고 한다. 스케치북을 주고 색연필을 쥐어줬더니 스케치북이며 방바닥이며 벽이며 닥치는 대로 낙서를 한다. 내가 보기엔 그저 낙서지만 아마도 우리 미진이는 뭔가를 표현하고 싶은 것이겠지! 쓰기나 그리기 등 무엇인가를 끼적거리는 건 인간의 본능이 아닐까?

-야탑동 미진 엄마의 일기-

아이 손의 소근육이 더욱 발달하기 시작할 무렵 색연필이나 크레용을 쥐어주면 무엇인가를 그리고 끼적이며 온 집안에 낙서를 하기 시작하지요. 자신의 흔적을 남기려는 것은 인간의 본능적인 욕구입니다. 언어적인 발달이 아직 미숙한 우리 영아들에게 있어서 무엇인가를 끼적이는 낙서활동은 매우 중요한 표현적인 의미를 지닙니다.

영아들은 자신이 느끼고 생각하는 것을 끼적거리는 표현활동을 통해 성취감과 만족감을 느끼며 정서를 발달시켜 나간다고 할 수 있습니다. 그러므로 아이가 무엇인가를 열심히 끼적이는 활동을 기쁜 마음으로 격려해야 하며 아이가 충분히 낙서를 하며 성취감을 느낄 수 있도록 집안 환경을 잘 만들어나가야 하겠습니다.

아이가 조금만 집안 어딘가에 낙서를 하면 야단을 치고 마치 해서는 안 될 일을 한 것처럼 나무란다면, 아이의 표현활동에 대한 동기는 좌절될 것입니다.

아이가 집안 구석구석에 낙서를 해도 될 정도로 벽지들에 종이를 덧댄다든가 아이가 낙서를 마음껏 할 수 있는 장소를 따로 마련해둔다든가 하는 방식으로 아이의 표현활동이 제지되지 않을 수 있는 집안 환경을 잘 만들어나가야 하겠습니다.

인지놀이 13 - 모양지각과 집중력, 쓰기 능력을 발달시키는 다른 모양 찾기

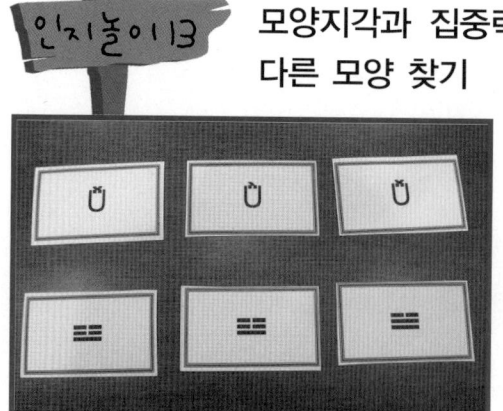

준비물_ 다양한 모양의 카드, 바구니
효과_ 모양지각과 집중력, 쓰기 능력 발달, 감각자극, 대소근육 발달, 두뇌발달

'다른 모양 찾기 놀이'는 5~6개의 모양들 중에 다른 모양을 골라내는 놀이입니다. 잘 읽고 잘 쓰기 위해서는 모양인식 능력이 발달해야 합니다. 대각선과 수평선, 수직선, 동그라미, 네모, 세모 등의 모양을 구별할 수 있는 능력이 있어야 글자모양을 인식하고 읽고 쓸 수 있는 것이지요.

엄마가 직접 여러 모양을 그린 다음 여러 장을 복사해서 같은 모양들을 만들고 오려서 늘어놓는 방법으로 간단하게 '다른 모양 찾기 놀이'를 할 수가 있습니다. 다른 모양으로 인식하고 찾은 카드는 바구니에 넣도록 하면서 즐겁게 분류활동을 해보도록 합시다.

쓰기 능력 발달단계(18개월-24개월)

18개월: 우연히 선을 그린 후에 의도를 가지고 그리기 시작함.
19개월: 수평선을 끼적거림.
20개월: 동그라미를 우연히 그리고 사물의 이름을 붙이기도 함.
22-23개월: 선들을 끼적이며 뭔가를 의도적으로 그리려고 함.
24개월: 의도적으로 쓰기도구를 이용하여 뭔가를 그리려고 노력함.

자율성을 통해 학습능력을  키우는 시기: 12개월-24개월

비누방울 놀이를 통해 언어발달을 돕는다

요즘 나름 대화가 되는 민지다. 한 달여 전부터는 가지고 놀던 퍼즐을 치우면서 항상 "모뚜때다리, 모뚜때다리……"라고 노래하듯 중얼거리곤 했다. 그동안 도저히 무슨 말인지 몰라서, "민지야, 모뚜때다리가 무슨 말이야?" 하고 물었는데, "모뚜때다리 아니야~ 모!뚜!때!다!리!"라고 말하는 것이었다. 본인의 발음 그대로 따라한 것인데, 듣는 것은 정확히 듣나 보다. 틀렸다고 하는 걸 보면……. 그 노래, 드디어 오늘에서야 무슨 말인지 알아들었다. 장난감을 치우면서 부르는 노래로 "모두 제자리, 모두 제자리, 모~두 제자리……"였다. 노래를 부르면서 아이들의 언어능력은 더 촉진되는 것 같다. 우리 민지의 언어능력을 발달시키는 데 도움이 되는 놀이들에는 또 어떤 것들이 있을까?

-여의도동 민지 엄마의 일기-

내 아이가 어느 곳에 있든지 적극적으로 말을 하고 학교에서도 적극적으로 손을 들고 발표를 하며 말을 잘하는 아이로 성장해 가기를 바라는 마음은 부모들의 간절한 심정이지요. 아이가 또박또박 말을 잘하면 왠지 모르게 뿌듯하고, 아이가 소극적으로 말을 하고 너무 작은 목소리로 웅얼웅얼 하면 속상하기만 합니다.

그래서 아이가 말을 적극적으로 하기를 바라면서 소극적으로 말을 하는 아이를 다그치게 되기도 하지요. 그런데 적극적으로 말을 하는 것을 힘들어 하는 아이에게 말하기를 강요하거나 책읽기 같은 활동을 강요한다면 아이는 점점 더 위축되어 더 소극적으로 말을 하게 될 것입니다.

쓰기를 잘 하려면 손의 소근육이 잘 발달해야 하는 것처럼, 말을 잘하기 위해서는 구강근육이 튼튼하고 입술의 소근육이 잘 발달해야 합니다. 영유아 때부터 구강근육도 튼튼하게 하고 입술의 소근육도 발달시킬 수 있는 놀이들을 많이 할 수 있도록 지도하는 것이 좋습니다.

 **언어능력 발달을 돕는 비누방울 놀이**

준비물_ 비누방울 놀이 세트
효과_ 엄마와의 놀이를 통한 정서발달, 감각자극, 구강근육 발달, 언어능력 발달, 두뇌발달

발음이 정확하지 않고 웅얼웅얼 말하는 습관을 가진 아이들을 보면 입술을 적극적으로 사용하지 않는 모습을 많이 보게 됩니다. 입술을 적극적으로 움직이는 것만으로도 언어습관은 한결 나아지게 되지요.

입으로 '후~ 후~' 열심히 바람을 불어서 하는 '비누방울 놀이'는 입술을

적극적으로 사용하게 되므로 입술근육을 발달시켜서 언어능력 발달에 도움이 됩니다. 예쁘게 퍼져 나가는 비누방울을 눈이 따라가고 고개가 돌아가고 팔을 뻗어 잡게 되면서 시공간 지각과 집중력도 함께 발달할 수 있지요.

언어능력 발달단계(12개월-24개월)

12개월: "엄마"라는 말을 분명하게 할 수 있다.
13-14개월: 10개 이상의 단어를 알게 된다. 하나의 단어를 사용하여 의사표현이 가능하다.
15-18개월: 20개 정도의 단어를 말할 수 있다.
16개월: 노래 부르기를 좋아한다.
17개월: "싫어"라는 말을 자주 한다.
18개월: 두 단어를 연결하여 문장을 만들 수 있다.
19개월: 30단어 정도를 말한다.
20개월: 50단어 정도를 말한다.
22개월: 120단어 정도를 말한다.
24개월: 200단어 정도를 말한다.

자율성을 통해 학습능력을  키우는 시기: 12개월-24개월

자율성이 증가하는 시기, 혼자 하는 것을 격려하자

오늘은 아침에 갑자기 쌀쌀해져서 모자까지 씌우고 이모 집에 데려다 줄 준비를 했다. 민지가 모자에 달린 끈을 혼자서 묶어보려 하고, 카메라로 사진을 찍는 것을 보더니 본인도 해보겠다고 나를 쫓아다녔다. 요즘은 부쩍 혼자 해보려는 것이 많아지고 고집도 세지는 것 같다. 엄마, 아빠가 하는 걸 보고 자기도 해보겠다고 열심히 시도하는 민지를 보니 어느새 이렇게 컸나 하는 생각이 든다. 그런데 점점 고집이 세지는 것 같은 우리 민지, 이러다가 고집불통이 되는 건 아닐까?

-여의도 동 민지 엄마의 일기-

생후 12개월 이상이 되면 차츰 자율성이 발달하게 되면서 스스로 하려는 활동이 늘게 되고 이를 통해 성취감을 느끼게 됩니다. 이전 시기에 비해 대소근육이 더욱 발달하고 어휘력도 향상되지요.

이 시기에는 어른들의 행동을 모방하며 사회성을 발달시켜 나가게 되지요. 숟가락을 곧잘 사용하기도 하고 자율성과 독립심을 나타내기 위해서 도움을 거부하고 고집을 부리기도 합니다.

또한 자신의 감정이나 생각을 이전 시기에 비해 훨씬 더 구체적으로 표현하기 시작하면서 자기주장도 강해지고, 다른 사람과의 상호작용이 활발해지므로 초보적인 사회적 관계를 맺기 시작하는 때라 할 수 있습니다.

일반적으로는 생후 18개월 무렵부터 자율성을 길러나가는 시기로 분류되지만, 아이들의 발달 속도도 빨라지면서 아이들이 혼자서 걷기 시작하는 생후 12개월 무렵이 되면 조금씩 자율성을 발달시켜 나가게 됩니다.

자율성이 발달하는 시기에는 "내가 할 거야!", "안 돼, 내꺼야!"라는 말을 많이 하는 특징이 있지요. 이 시기에 자율성을 잘 발달시켜야 단단한 자아정체감을 가진 사람으로 성장해 나갈 수가 있으므로 혼자서 해보려는 아이들의 욕구에 세심한 배려를 해주어야 한다는 것을 잊지 말아야겠습니다.

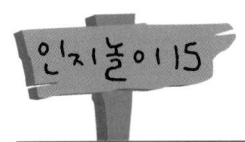 ## 장난감 화물차 놀이

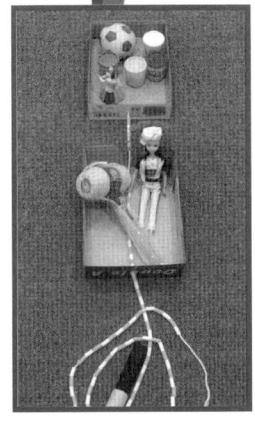

준비물_ 굵은 실이나 줄, 각종 크기의 재활용 상자 5개 정도, 펜이나 스티커 등 상자에 장식을 할 수 있는 물건들, 상자에 담을 수 있는 물건들

효과_ 집중력 발달, 감각자극, 대소근육 발달, 두뇌발달, 사회성과 정서 발달

여러 크기의 재활용 상자들을 적당한 간격으로 굵은 실이나 줄에 연결하고 상자 표면에 화물차 이름이나 문구들을 적은 후, 준비한 스티커 등으로 장식을 하여 멋진 장난감 화물차를 완성합시다. 완성된 화물차에 각종 물건들을 담도록 하면 아이들이 쉽게 가지고 놀 수 있는 장난감 화물차가 탄생하는 것이지요.

각종 물건들을 넣고 실이나 줄을 끌면서 장난감 화물차를 이동시키는 놀이활동은 자율성을 길러나가는 시기에 있는 영아들에게 특히 효과적입니다. 자율성을 발달시켜야 하는 시기에 있는 영아들은 스스로 무엇인가 조작해보려고 시도하는 일이 유난히 많은데 이러한 모습을 보이는 것은 자율성을 획득하는 시기에 있기 때문이지요. 장난감 화물차를 끌면서 성취감을 느끼고 자율성을 길러나갈 수 있는 효과가 있습니다.

TIP 자율성을 이루지 못하면 어떻게 될까?

영유아들은 초등학교에 입학하기 전 발달단계에서 차근차근 이뤄야 하는 발달과업들이 있다고 설명하였습니다. 애착을 형성하고 자율성을 형성하고, 그 다음 단계에서는 주도성을 획득하는 것이지요. 그런데 각 단계에서 이뤄야 하는 발달과업들을 잘 이루지 못하게 된다면 그 다음 단계의 발달과업을 이루는 것에도 영향을 미치게 됩니다. 자율성을 잘 획득하지 못한 아이는 수치심을 발달시키게 되면서 그 다음 단계의 발달과업인 주도성을 획득하는 데에도 어려움을 겪고, 또 그 다음 단계인 근면성을 획득하는 데에도 어려움을 겪을 수 있는 것이지요.

그러므로 각 단계에서 이뤄야 하는 발달과업들은 그 단계에서만 자녀의 발달에 영향을 미치는 것이 아니라 다음 단계에도 매우 큰 영향을 미치는 것임을 명심해야겠습니다. 내 자녀가 현재의 발달단계에서 어떤 발달과업을 이뤄내야 하는지 잘 이해하고 자녀를 지도해야 합니다.

자율성을 통해 학습능력을 키우는 시기: 12개월-24개월

16

두뇌발달을 돕는 대소근육을 발달시키자

돌이 지났지만 아직도 몇몇 분들이 민지의 선물을 챙겨주신다. 예쁘게 포장되어 있는 선물상자를 발견한 순간 민지는 엄마도, 맛있는 바나나도 포기하고 만다. 마치 보물을 발견한 듯, 상자를 꺼내고 포장지를 북~ 북~ 큰 소리 나게 찢어버리며, 내용물도 확인하며 좋아한다. 종이 찢기를 은근히 좋아하는 민지가 내년 이맘때쯤엔 엄마와 종이접기를 같이 할 수 있게 되면 좋겠다. 그런데 종이 찢기를 좋아하는 우리 민지가 혹시 신경질적인 성격을 가지고 있는 것은 아닐까?

-여의도동 민지 엄마의 일기-

종이 찢기는 영아들이 좋아하는 활동입니다. 종이를 찢기 위해서는 적절한 힘을 주고 시각-운동 협응이 잘 이뤄져야 가능하기 때문에 아이들의 대소근육을 발달시키고 눈으로 보고 손으로 처리하는 활동능력 향상을 위해 매우 유익한 인지놀이입니다.

대소근육을 발달시키는 것은 왜 중요할까요?

대소근육을 사용하는 운동을 통해서 운동신경을 발달시켜 나가게 되고 정교해진 대소근육을 활용하여 신체의 움직임이 더 자유로워지면서 소뇌를 자극하여 두뇌발달을 도울 수 있습니다. 또한, 운동활동을 통해서 움직임에 대한 계획력을 키워나가며 계획, 점검, 관리하는 기능인 '실행기능'을 발달시켜 스스로 공부하는 힘을 길러나가는 데 도움이 됩니다.

학습적인 측면에서 본다면 정교해진 대소근육을 활용하여 쓰기 능력을 발달시켜 나갈 수 있고, 쓰기가 자유롭게 된다는 것은 학업기술을 익혀나가는 데 결정적으로 도움이 되지요.

그러므로 대소근육을 발달시킨다는 것은 신체발달을 돕는 것에 그치는 것이 아니라 두뇌를 자극하고 인지를 발달시키는 데 매우 중요한 의미를 갖는 것입니다.

영유아기의 신체발달은 두뇌발달과 뗄 수 없는 밀접한 관계를 가졌다는 것을 잊지 말고 아이들에게 대소근육을 발달시킬 수 있는 움직임 활동을 적극적으로 격려해야 하겠습니다.

인지놀이 16 — 대소근육을 발달시키는 종이 찢기 놀이

준비물_ 자유롭게 찢고 구길 수 있는 신문지나 각종 종이류
효과_ 감각자극, 대소근육 발달, 시각-운동 협응 능력 발달, 두뇌발달

자유롭게 찢을 수 있는 신문지 같은 종이들을 가져다놓고 신나게 열심히 찢는 놀이를 통해 대소근육을 발달시키는 효과를 얻을 수 있습니다. 손으로도 찢고 발로도 찢고 열심히 찢으려면 양팔과 양다리의 힘의 균형을 잘 맞춰야 하기 때문에 대소근육의 발달은 물론, 좌뇌와 우뇌를 골고루 자극할 수 있는 효과가 있지요.

평소에 책을 구기면 엄마한테 "안 된다"는 얘기를 듣는데요, 이 놀이를 할 때만큼은 자유롭고 신나게 마음껏 구기고 찢고 할 수 있기 때문에 정서적으로 이완되며 대소근육을 발달시키는 데 도움을 줄 수 있습니다.

> **TIP** 찢는 것을 통해 스트레스를 풀면 다른 곳에도 그러지 않을까요?
> 아이들은 생후 9개월 무렵만 되어도 "안 된다"는 말을 알아들을 수가 있습니다. 놀이상황에서만 종이들을 마음껏 찢을 수 있다는 것을 이해할 수 있도록 일상생활에서 차근차근 얘기해준다면 행동이 허용될 때와 그렇지 않을 때를 배워나갈 수 있으므로 무리가 없습니다.

자율성을 통해 학습능력을  키우는 시기: 12개월-24개월

아이들은 쫓고 쫓기는 놀이를 좋아한다

아이가 걷고 뛸 수 있게 되자 아빠와 함께 아이를 피해 도망 다니는 놀이를 한 적이 있는데 그 후로 아이가 자꾸만 도망 다니는 놀이를 하자고 졸라댄다. 방과 거실을 몇 번 왔다 갔다 뛰다 보면 아이 아빠와 나는 어느새 금방 지쳐버리고 땀을 뻘뻘 흘리는데 아이는 마냥 즐거워하며 자꾸만 더 하자고 재촉하곤 한다. 우리 아이만 그런 것 같지는 않고 우리 아이 또래의 다른 아이들도 대부분 그러는 것 같다. 아이들은 왜 이렇게 도망 다니는 놀이를 좋아하는 것일까?

-서초동 정은 엄마의 일기-

자녀가 걷고 뛰는 것이 편해지면서 주변 세계에 대한 호기심도 폭발적으로 늘어만 가지요. 아이들의 운동능력이 발달하면서 늘어난 운동기술을 사용하고 싶은 욕구 또한 늘어갑니다. 이때 아이들이 쫓고 쫓기는 놀이들을 매우 즐기는데요, 특히 생후 30개월 정도가 되면 더욱더 좋아하는 모습을 볼 수 있습니다.

아이들이 쫓고 쫓기는 놀이를 좋아하는 모습을 볼 때, 그 이유를 잘 몰랐을 때는 그저 '아이들이 그 놀이가 재미있나 보다' 정도로 생각할 수밖에 없지만 영유아들의 발달단계를 잘 이해하게 되면 왜 그렇게 쫓고 쫓기는 놀이에 열광하는지 알 수 있는 것이지요.

아이들의 운동능력이 발달하면서 늘어난 운동기술을 사용하고 싶은 욕구가 놀이에 반영된다는 것을 이해한다면 부모는 더욱더 아이의 욕구에 맞추어서 적극적으로 놀아줄 수가 있게 됩니다. 아이들은 운동능력이 발달하게 되는 무렵에는 지치지 않는 에너지를 보이므로 어른들이 함께 놀이를 하다가 지칠 정도이지만, 아이들이 쫓고 쫓기는 놀이를 통해 한층 더 성장해 나가는 데 도움이 된다는 것을 알게 된다면 엄마, 아빠도 지치지 않는 에너지를 가지게 될 수도 있는 것이지요!

자, 이제 아이들이 그토록 도망 다니는 놀이에 열광하는 이유를 잘 아시겠지요?

 **쫓고 쫓기는 놀이**

효과_ 말하기 & 듣기 능력 발달, 집중력 발달, 감각자극, 운동발달, 두뇌발달

엄마, 아빠를 따라 쫓으면서 까르르 까르르 웃는 아이들의 모습은 상상만 해도 참 즐겁습니다. 이 방 저 방, 부엌, 화장실로 달리면서 쫓고 쫓으며 아이에게 잡혔을 때는 멈춘 장소에서 주변의 물건들을 보며 아이와 함께 얘기를 나눠보세요. "와, 여기 연필이 있네! 이걸로 뭘 하는 거지?", "와, 여기 공이 있네! 이건 어떻게 가지고 노는 걸까?" 하며 아이의 언어와 호기심, 생각을 자극한다면 몸을 움직이며 신나게 두뇌발달도 돕고 언어능력도 발달시키는 일석이조의 효과가 있습니다.

쫓고 쫓기며 집안 곳곳에 숨었다가 다시 나타나는 엄마, 아빠를 보면서 '눈에 보이지 않아도 엄마, 아빠는 다시 만날 수 있구나' 라는 것을 배워나갈 수도 있는 것이지요.

> **TIP 형제자매와 같이 쫓고 쫓기는 놀이를 하는 경우 주의사항**
>
> 쫓고 쫓기는 놀이를 할 때 보통은 언니, 오빠들이 부모와 한편이 돼서 동생을 쫓아오게 하는 경우가 많습니다. 자녀가 모두 유아인 경우 동생들은 언니, 오빠들에 비해서 아직 운동기술이 덜 발달해 있기 때문에 상대적으로 잘 달리지 못해서 소외감을 느끼고 놀이에 대한 흥미를 잃을 수도 있지요. 형제자매와 함께 쫓고 쫓기는 놀이를 하는 경우에는 부모가 동생과 한편이 되어주는 것이 좋습니다. 물론 다른 자녀에게 잘 설명해주어야지요.
> "동생은 언니, 오빠들보다 잘 달리지를 못하니까 엄마, 아빠가 보호해주어야 한단다~"

자율성을 통해 학습능력을  키우는 시기: 12개월-24개월

아이들은 모방행동을 통해 배워나간다

아침식사를 하는데 이젠 민지가 '물'도 말할 수 있게 된 것을 알았다. 비록 발음은 "부~"에 가깝지만...... 그래도 우유의 발음은 정확하다. 요즘 부쩍 외모에 관심을 보이는 민지가, 내가 샤워를 하고 드라이어로 머리를 말리고 있으면 본인도 하겠다고 "어어어"하며 고사리 손을 포개어 나에게 내민다. 아직 "주세요"라는 말은 못하고 손동작만...... 드라이어나 빗을 손에 쥐어주면 현관 앞 거울로 달려가 열심히 머리를 빗는다. 엄마, 아빠를 열심히 따라 하려는 우리 민지, 아이 앞에서 더 좋은 모습을 보여주어야겠다.

-여의도동 민지 엄마의 일기-

12개월 이후의 아이들은 전화를 귀에 대고 뭐라고 뭐라고 이야기하거나 빗질을 하는 등 엄마, 아빠가 하는 행동을 모방하려는 특성을 보이게 됩니다. 부모가 했던 말을 잘 기억했다가 나중에 그대로 옮겨서 흉내를 내며, 엄마의 화장품을 발라보고 아빠의 물건을 사용하는 것은 흔히 볼 수 있는 아이들의 모방행동이지요.

　취학 전의 영유아들은 주변 사람들을 모방하면서 행동뿐만 아니라 언어, 예절, 성품, 사회성과 관련된 것들을 배워나가는데, 영유아들에 있어 가장 대표적인 모델이 되는 사람은 바로 엄마, 아빠이지요. 그러므로 부모가 아이에게 도움이 되는 좋은 행동을 많이 보여주어야 하는 것은 두말할 나위 없이 중요한 것입니다.

　제 주변에 바느질을 좋아하는 한 엄마가 있는데요, 아이가 평소에 그렇게 엄마가 바느질하는 것을 싫어하더랍니다. 그런데 어느 날 아이에게 친척 분이 "우리 아기~ 제일 잘하는 것이 무엇일까요?" 했더니 엄마가 평소 사용하던 바느질 재료들을 가지고 오더랍니다.

　평소 엄마, 아빠의 특정 행동을 싫어하다가도 막상 어떤 상황에 닥쳤을 때 나도 모르게 그토록 싫어하는 엄마, 아빠의 행동을 똑같이 하고 있는 것을 발견하고 깜짝 놀라곤 하는 경우가 많이 있습니다. 모방이란 이렇듯 자신도 모르는 사이에 두뇌에 입력되는 것이므로 아이들 앞에서 긍정적인 모습을 보이도록 노력해야 합니다.

　아이가 독서습관이 잘 들여지기를 바란다면 아이 앞에서 책 읽는 엄마, 아빠의 모습을 많이 보여주어야지, 엄마, 아빠는 TV를 보면서 아이에게 책을 읽으라고 한다면 엉뚱한 방향으로 가고 있는 것입니다. 아이들은 엄마, 아빠의 거울이라는 것을 잊지 말도록 합시다.

 자신의 모습에 대해 알아가고 모방 연습을 할 수 있는 거울놀이

준비물_ 아기와 엄마의 전신이 모두 비치는 크기의 거울, 각종 장난감
효과_ 엄마와의 놀이를 통한 정서발달, 감각자극, 시각-운동 협응 능력 발달, 대소근육 발달, 두뇌발달

영유아기의 아이들은 거울을 보며 노는 것을 매우 좋아합니다. 가히 열광적이라고 할 수 있지요. 일반적으로 만 9개월이 되기 전까지는 거울에 비친 모습이 자기 자신이라는 것을 잘 알지 못하다가 점차 거울에 비친 사람이 자신의 모습이라는 것을 알게 되면서 거울을 보며 호기심이 왕성해지지요.

자녀가 거울을 보며 마음껏 놀 수 있도록 해주세요. 이런저런 표정도 지어보고, 몸도 흔들어보고, 소리도 지르며 거울 속에 푹 빠져서 놀게 될 것입니다. 엄마, 아빠가 옆에서 여러 가지 동작을 해보도록 합시다. 머리 위에 손을 얹어보기도 하고, 눈을 깜박이기도 하고, 두 팔을 '앞으로 나란히' 해보기도 하고, 우스꽝스런 표정도 지어보고요. 엄마, 아빠의 행동을 모방하려는 욕구가 많은 영유아들이 엄마, 아빠의 동작을 따라해보려고 애쓰면서 시각-운동 협응 능력도 발달시키면서 매우 즐거운 시간을 보내게 될 것입니다.

TIP 따라 하고 싶어요!

아이가 50단어 정도를 말할 수 있게 되고 어른들의 행동을 모방하는 것을 좋아하는 시기인 생후 20개월 정도가 되면 다양한 모방행동을 할 수 있도록 환경을 만들어주는 것이 좋습니다. 이 시기에는 부쩍 아이들이 주변 어른들의 행동을 따라 하는 모습을 많이 볼 수 있는데요, 전화를 받고 싶어 하고 머리를 빗는 시늉을 하기도 하고 엄마, 아빠의 제스처를 따라 하기도 하지요. 자녀 앞에서 좋은 모습을 많이 보여주도록 해야겠습니다. 밝은 표정과 친절한 모습, 열심히 책 읽는 모습 등등 내 아이가 배우길 원하는 모습을 보여주는 멋진 엄마, 아빠 모델이 되는 것이지요.

자율성을 통해 학습능력을  키우는 시기: 12개월-24개월

소근육의 발달은 일상생활 속에서 이뤄져야 한다

엄마 전부터 아이들의 소근육 발달에 좋다는 오감 자극 놀이 프로그램에 아이와 함께 참여하고 있다. 손을 많이 사용하는 것이 아이들의 두뇌발달에 좋다고 하는데 블록 끼우기나 컵 쌓기, 퍼즐 맞추기 등 몇 가지 놀이 외에 떠오르는 활동이 별로 없어서 비용을 들여 교육 프로그램에 참여하고 있는 것이다. 집에서도 아이와 즐겁게 소근육을 발달시키는 놀이를 하고 싶은데 생각만큼 쉽지가 않다. 아이와 쉽고 즐겁게 할 수 있는 소근육 발달 놀이는 어떤 것들이 있을까?

-신정동 준성 엄마의 일기-

'반복된 경험에 의해서 습득되는 것', 이것이 '학습'의 정의입니다. 그러므로 학습의 효과가 크기 위해서는 사용되는 학습재료들이 반복적으로 자주 사용할 수 있는 것이어야 합니다. 손의 소근육 발달을 위한 놀이가 소근육 발달 '재료'가 된다고 생각해봅시다. 그렇다면 그 놀이는 반복적으로 자주 할 수 있는 것이어야 학습의 효과가 크겠지요?

부모들은 아이가 독서습관이 잘 길러지길 바라는 마음에서 아이가 아주 어릴 때부터 함께 그림책들을 보며 아이에게 언어적인 자극을 주려고 노력합니다. 그런데 아이가 미숙하게 책장을 넘기면서 찢거나 구기기라도 하면 책장 넘기는 행동을 제지하며 엄마, 아빠가 책장을 넘겨주곤 하지요.

책장을 넘긴다는 것은 어른들에게 있어서는 매우 자연스러운 활동이지만, 영유아들에게는 매우 어려운 활동이지요. 책장을 넘길 수 있다는 것은 그만큼 손의 소근육 발달이 잘 이뤄져서 소근육의 균형과 힘의 조절이 잘 된다는 것을 의미합니다.

자녀가 일상생활에서 손의 소근육을 발달시키기 위한 활동을 자주 할 수 있는 것이 바로 책장 넘기기인데요, 아이가 책장을 구기거나 찢는 것이 싫거나 혹은 미숙하게 책장을 넘기는 자녀를 도와주고자 엄마, 아빠가 대신 책장을 넘겨주는 것은 아이가 일상생활에서 자연스럽게 손의 소근육을 발달시킬 수 있는 기회를 뺏는 결과입니다.

일상생활에서 손의 소근육을 발달시킬 수 있는 기회는 차단되어 있다가 한 번씩 이벤트성으로 밀가루 반죽 같은 놀이를 하는 것은 그다지 효과적이지 않습니다. 일상생활에서 손의 소근육을 발달시킬 수 있는 책장 넘기기와 같은 활동도 많이 하고 이벤트 프로그램에도 참여해야 그 효과가 증폭되는 것이지요.

인지놀이 19 소근육을 발달시키는 책장 넘기기 놀이

준비물_ 그림책
효과_ 엄마와의 놀이를 통한 정서발달, 감각자극, 시각-운동 협응 능력 발달, 대소근육 발달, 두뇌발달

소근육을 발달시키기 위해서 어떤 특별한 활동들을 해야 한다고 생각하는 경우가 많이 있지만, 알고 보면 아주 단순한 활동을 통해서 소근육 발달을 도울 수 있습니다. 아이들이 책을 한 장씩 넘기는 활동을 떠올려보세요. 책을 한 장, 한 장씩 넘기려면 손가락에 적당한 힘을 주어 정교하게 소근육을 써야 합니다. 생후 10개월 무렵이 되면 책장을 넘길 수 있는데요, 책장을 한 장씩 넘길 수 있게 되려면 생후 20개월 정도는 되어야 하지요. 눈으로 책을 보면서 한 장씩 손가락으로 넘겨야 하기 때문에 시각-운동 협응 능력 발달에도 효과적입니다. 아기가 책장을 넘기는 활동을 충분히 할 수 있도록 도와주세요.

 영유아의 발달 영역을 고려한 대표적인 장난감

대소근육 발달: 블록, 세발자전거, 미끄럼틀, 장난감 자동차, 흔들말, 가위, 크레용, 구슬꿰기 도구 등
창의력 발달: 각종 종이류, 찰흙, 모래상자, 그림책 등 각종 책, 크레용 등 미술도구 등
인지발달: 모빌, 퍼즐, 주사위, 돋보기, 온도계, 물놀이 상자 등
언어발달: 비누방울 놀이 도구, 장난감 녹음기, 나팔 등
사회성 발달: 소꿉놀이 도구, 모형 부엌, 장난감 기차 등

자율성을 통해 학습능력을  키우는 시기: 12개월-24개월

억지로 오른손 사용을 강요하지 말자

요즘 아이가 그림책 보는 것을 부쩍 좋아한다. 아이가 책을 보는 것을 좋아하니 엄마인 내 마음은 흐뭇하기만 하다. 그런데 오늘 보니 아이가 왼손으로 책장을 넘기는 일이 훨씬 더 많은 것 같아서 깜짝 놀랐다. 왼손잡이면 앞으로 생활하기가 많이 불편할 테고 글씨를 쓸 때도 옆 사람과 팔이 부딪혀서 힘들지 않을까 불안한 마음이 든다. 걱정되는 마음에 오른손으로 책장을 넘기도록 몇 번을 시도해보았지만 아이는 자꾸만 왼손을 사용하는 것이다. 어떻게 해야 할지 고민이 시작되었다. 꼭 오른손잡이로 바꿔주어야 할까?

-미아동 상호 엄마의 일기-

오른손 혹은 왼손에 대한 선호, 즉 우세손은 만 2세 무렵에 안정적으로 정해지게 됩니다. 그런데 왼손이 우세한 경우 문화적인 환경의 영향으로 오른손을 쓰도록 강요하는 경우가 많습니다. 억지로 우세손을 바꾸려고 할 경우, 정서에 부정적인 영향을 미치며 특히 쓰기에 대한 거부감을 느끼게 하여 심각한 부작용이 나는 사례가 많지요.

학습상담을 하다 보면 왼손잡이로 태어나서 주변의 강요로 억지로 오른손잡이로 바꾸려다가 쓰기에 흥미를 잃고 결국 학습을 소홀히 하게 되면서 자신감을 잃고 불안, 우울을 경험하고 있는 청소년들을 적지 않게 만날 수가 있습니다. 왼손잡이를 억지로 오른손잡이로 바꾸려는 부모와 갈등을 겪게 되면서 좌절과 분노를 경험하게 되는 것이지요.

우세손을 바꿔야 한다는 스트레스가 심해지면 말을 더듬거나 불안, 초조해지기도 하는데요, 이러한 부정적인 정서가 아이의 성격발달에 영향을 미치며 쌓인 분노로 인해서 고집이 세지기도 합니다.

예전에는 문화적인 환경 때문에 사회적 시설이나 도구 등 왼손잡이가 사용하기에는 불편한 면이 많았지만 점차 왼손잡이인 사람들을 배려하는 문화가 조금씩 확대되고 있으므로 억지로 우세손을 바꾸는 것은 얻는 것보다 잃는 것이 훨씬 많다는 것을 생각해야겠습니다.

억지로 우세손을 바꾸려고 하기보다는 잘 쓰지 않는 손을 쓸 수 있는 기회를 많이 만들어서 자녀가 양손을 골고루 사용하고 두뇌발달을 촉진할 수 있도록 지도하는 것이 중요합니다.

 ## 엄마, 아빠와 함께 공 굴리며 주고받기

준비물_ 양손으로 굴릴 만한 크기의 공
효과_ 협동심 발달, 양손 사용 촉진, 시각-운동 협응 능력 발달, 대소근육 발달, 두뇌발달

　엄마, 아빠와 함께 다리를 벌리고 마주 앉아서 공을 주고받는 활동은 서로 동작이 잘 맞아야 공을 놓치지 않고 즐겁게 놀 수가 있습니다. 평소 오른손이나 왼손, 어느 한 우세손을 주로 사용하게 되는데요, 공을 굴리며 주고받는 활동을 통해 양손을 사용하도록 지도한다면 평소에 잘 쓰지 않는 손의 힘도 기를 수 있도록 하고 좌뇌, 우뇌를 골고루 자극하는 데 도움이 됩니다. 공을 주고받는 활동을 통해서 협동심도 발달시켜 나가고 대소근육과 집중력을 발달시켜 나갈 수도 있습니다.

TIP 우리는 왼손잡이~

　세계적으로 유명한 위인들 중 왼손잡이였던 사람들을 살펴볼까요? 과학자 아인슈타인, 컴퓨터 천재 빌 게이츠, 음악가 베토벤, 정치가 처칠과 간디, 문학가 괴테, 미술가 레오나르도 다빈치와 피카소 등이 왼손잡이였다고 하지요.
　미래의 훌륭한 과학자, 정치가, 음악가, 미술가가 될 우리 아이들의 신체적인 특성을 억지로 바꾸려고 하다가 아이들의 잠재력을 망치는 우를 범해서는 안 되겠습니다.

최근에는 식물을 키우면서 심리정서적인 치료가 될 수 있도록 하는 '원예치료'가 이뤄지고 있습니다. 식물을 키우면서 의사소통 능력, 사회성 발달, 충동조절 능력 개선, 불안이나 우울 해소를 통한 정서발달 등 심리사회적인 면에서 큰 효과를 볼 수 있는 것이지요.

Part 3

활발한 움직임을 통해 학습능력을 키우는 시기:
3세-5세

유아기 때부터 자신에 대해서 조금씩 들여다보고 생각하는 힘을 키우는 것이 중요합니다.
어린이집이나 유치원의 준비물을 챙길 때, 아직 미숙한 자녀를 위해 엄마, 아빠가 함께 도와주되
가방에 직접 넣는 것은 아이가 할 수 있도록 하는 것이 좋습니다.

활발한 움직임을 통해 학습  능력을 키우는 시기: 3세-5세

유아기는 지치지 않는 에너지를 가진 시기이다

한시도 가만히 안 있는 우리 아들. 오늘도 어김없이 움직인다. 집안에서는 그래도 얌전히 앉아 책도 읽고, 장난감도 가지고 놀고, TV도 보고 하는데, 유독 밖에만 나가면 뛰기 시작한다. 아이에게 집에만 있으라고 하는 것은 너무 고통스러운 일인 것 같아 오늘도 밖으로 나갔는데 운동화를 신은 순간부터 아이는 걷지 않고 뛰기 시작한다. 엘리베이터에서 내리는 순간부터는 아예 앞뒤 보지도 않고 무조건 놀이터로 질주하는 우리 아이…… 무작정 뛰는 아이를 보고 사람들은 성격이 급해서 그런다고 들 한다. 정말 급해서 뛰는 걸까?

-화정동 주환 엄마의 일기-

아이들이 3세 이상이 되면 운동조절 능력이 한층 더 발달하면서 뛰는 데 어려움이 적어지기 때문에 마음껏 운동능력을 발휘하려는 욕구가 생겨나게 됩니다. 겉으로 보기에는 단순히 아이들이 에너지가 넘쳐서 산만한 것처럼 보이기도 하지요.

운동조절 능력이 발달하면서 새롭게 습득하는 운동기능들을 마음껏 사용하면서 세상에 대한 호기심과 흥미를 더욱더 많이 느끼게 되는 우리 유아들의 동기를 좌절시키지 않도록 해야겠습니다. 유아기의 발달단계를 잘 이해하고 하나씩 필요한 규칙을 마련해서 적용해 가면서 새로운 운동기술을 습득하고 사용하며 에너지를 마음껏 발산할 수 있도록 환경을 마련해주어야 합니다.

부모가 컨디션이 안 좋아서 무기력해 있거나 집안 분위기를 칙칙하게 하고 아이들 앞에서 부모가 싸우는 모습 등은 아이를 불안하게 만들고 위축시켜서 활발한 움직임을 통해 운동능력을 더욱더 발전시켜 나가야 하는 아이들에게 부정적인 영향을 미치게 되지요.

부모의 몸과 마음의 컨디션을 건강하게 잘 유지하면서 자녀의 욕구에 적절한 반응을 보이도록 노력해야겠습니다.

 **신나는 물총놀이**

준비물_ 각종 크기의 물총
효과_ 정서발달, 스트레스 해소, 운동발달, 대소근육 발달

유아기에는 "안 돼요, 안 돼요" 하면서 제지당하는 것이 많습니다. 위험해서 안 되고 위생에 좋지 않아서 안 되고, 여러 이유로 안 되는 것이 많이 있지요. 그러다 보니 이걸 해도 되는지 안 해야 하는지 눈치도 보게 되고 긴장이

많이 됩니다.

 가끔씩은 통제가 필요 없는 곳에서 마음껏 신나게 놀아보는 활동도 필요하지요. 욕실처럼 물총놀이를 편하게 할 수 있는 곳에서, 젖거나 물감이 묻어도 상관없는 옷을 입고 신나는 물총놀이를 하는 모습을 상상해보세요. 생각만 해도 자유로운 기분이 듭니다.

 물총에 그냥 물을 채워도 좋고 색색의 물감을 섞은 물을 채워도 좋겠습니다. 여러 물총에 각각 다른 색의 물감을 섞어서 돌려가며 쏴보는 것도 색지각의 발달에 도움이 되지요. 마음껏 물총을 쏘며 정서적 긴장도 풀고 대소근육도 발달시킬 수 있도록 즐거운 놀이를 해봅시다.

3세-5세 유아들의 일반적인 운동발달 특징

3세: 점프를 할 수 있다. 작은 물건들을 다루는 능력이 향상된다. 뛰어다니는 것을 좋아한다.
4세: 대근육 기술이 더욱 발달하여 자전거를 잘 탈 수 있다.
5세: 대소근육 기술이 더욱더 능숙해진다. 연필, 크레용을 자유롭게 사용할 수 있다.

활발한 움직임을 통해 학습  능력을 키우는 시기: 3세-5세

고집 센 아이는
이렇게 대처하자

큰 아이를 학원에 보내놓고 가까운 공원에서 정환이와 함께 시간을 보내곤 한다. 아이는 신나게 놀며 제 누나를 기다린다. 그런데 늘 누나를 데리러 가야 하는 시간에 문제가 발생한다. 누나를 데리고 다시 공원에 오자고 아무리 달래도 말이 통하지 않는다. 우는 것을 달래다 질질 끌고 가곤 한다. 그런데 오늘은 아이가 누나를 만나자마자 느닷없이 누나를 한 대 때리는 것이었다. 난 야단을 치려던 맘을 누르고 녀석을 업고 아까 놀던 놀이터로 갔다. 아이는 언제 울었냐는 듯이 미끄럼틀로 달려가 신이 나게 노는 것이었다. 몇 주 전까지만 해도 온순하던 아이가 드세고 고집스러워졌다. 때마다 혼내고 체벌하는 것이 옳지 않다고 생각하고 아이들을 인격적으로 대하려 노력해보지만 잘 안 될 때가 많다. 어떻게 아이들을 양육시키는 것이 올바른 것일까?

-화정동 정환 엄마의 일기-

유아들은 잘못해서 엄마가 야단치는 것을 이해할 수는 있지만 구체적으로 무엇이 잘못된 것이고 어떻게 행동해야 하는지에 대해서는 잘 모르는 시기에 있습니다. 그러므로 혼내고 체벌하기보다는 지켜야 할 규칙과 어떻게 행동해야 할지에 대해서 차근차근 설명해주고 아이가 잘 알아갈 수 있도록 지도하는 것이 효과적입니다. 아이가 잘 이해하지 못할지라도 차근차근 시간을 두고 설명을 하다 보면 차츰 아이가 바람직한 행동에 대해서 배워 나갈 수가 있는 것이지요.

독립성과 주도성을 기르는 시기에 있는 유아기에는 자기주장이 강해지기 때문에 부정적인 표현도 많아지고 엄마, 아빠에게 반항하는 것과 같은 모습을 자주 보이게 됩니다. 발달단계적인 영향도 있으나, 아이와의 상호작용에서 엄마, 아빠가 부정적인 표현을 많이 한다면 아이는 모방행동을 통해 부정적인 표현을 더 많이 하게 될 것입니다.

가급적 긍정적인 표현을 많이 할 수 있도록 노력해야겠습니다. 예를 들어, "뛰지 마!"라는 표현을 "조용조용히 걷자~~ 천천히~~"라고 바꾸는 것이지요. 같은 메시지이지만 아이에게 전달되는 느낌에는 아주 큰 차이가 있습니다.

만약 아이가 물건을 사달라고 떼를 쓴다면 부모의 욕구에 따라 "안 된다"라고 먼저 얘기하지 말고 아이가 물건을 사고 싶어 하는 마음에 먼저 공감해주는 것이 효과적입니다. 안 된다고 하면 아이가 반감이 생겨 오히려 떼를 더 쓰게 되는 것이지요.

"이 물건이 사고 싶구나!", "이게 왜 사고 싶니?", "지난번에 산 것보다 이게 더 좋니?", "집에 있는 것으로도 재밌게 놀 수 있을 것 같은데?" 하면서 아이가 생각할 시간을 줍시다. 그런 후에 "이 물건을 사면 원하는 다른 장난감을 살 수가 없는데……" 하면서 원하는 것을 모두 가질 수는 없다는 것을 조금씩 가르치는 것이 좋습니다. 그리고 여러 곳에서 값과 질을 비교하면서 아이가 차근차근 선택할 수 있도록 지도한다면 물건을 충동적으로 사고 싶은 욕구를 완화시켜 나갈 수가 있습니다.

　유아기는 충동조절이 어렵고 욕구충족이 지연되는 것을 참기 어려운 시기이기 때문에 떼를 쓰고 고집을 피우게 되는 것이지요. 무엇보다 중요한 것은 아이의 욕구에 먼저 공감해주어야 한다는 것임을 잊지 맙시다.

 **참을성을 기르는 고리던지기 놀이**

준비물_ 고리던지기 장난감
효과_ 충동조절, 인내심과 집중력 향상, 대소근육 발달

　고리던지기 놀이는 막대에 고리를 걸기 위해 대소근육을 적절하게 사용해야 하기 때문에 근육발달을 돕습니다. 또한 거리 개념이 발달하게 되고 목표를 향해 집중해서 노력하는 활동을 통해 성공과 실패의 경험을 하게 되지요.
　실패를 받아들이고 좀 더 인내하며 노력하면 성공할 수 있다는 것도 배우게 됩니다. 또한 '아까는 이렇게 해서 실패했으니까 이번엔 다르게 해보자' 하고 계획을 조정하면서 충동조절 능력도 기를 수 있는 효과가 있습니다.

> **TIP 화가 나면 소리를 질러요!**
> 아이가 화를 낸 후에는 안아주고 달래주며 아이를 위로해주어야 하지만, 단지 안아주고 달래주며 위로해주는 것으로만 끝내는 것은 자녀교육에 효과적이지 않습니다. 왜 화를 내는지 속상한 감정에 대해서 공감해주시면서 천천히 대화를 나누도록 해야 합니다. 차분한 말투로 엄마, 아빠가 아이의 얘기를 들어주면 아이는 엄마, 아빠가 차분차분 말하는 것을 보며 모방을 통해 감정을 진정시키고 차분하게 말하는 것을 배워나갈 수 있는 것이지요. 아이들은 감정을 통제하는 방법을 잘 모른다는 것을 잊지 말고, 화가 날 때 어떻게 해야 하는지를 배워나갈 수 있도록 지도하는 것이 중요합니다.

활발한 움직임을 통해 학습  능력을 키우는 시기: 3세-5세

집중력이 발달하는 시기에는 적절한 장난감을 선택하자

올해 네 살이 된 우리 혜리. 나는 우리 혜리를 위해 집중력 향상과 두뇌발달에 좋다는 장난감들을 잔뜩 구입해놓고 매일 혜리에게 이것저것 시도해본다. 그런데 정말 속상한 것은 우리 혜리가 엄마가 주는 장난감에는 별다른 관심이 없어 보이고 자꾸만 다른 장난감들에만 눈을 반짝인다는 것이다. 혜리가 잡으려고 하는 장난감들은 저만치 숨겨놓고 내가 좋다고 생각하는 장난감들을 계속 쥐어보지만 혜리는 어쩐지 없어진 장난감만 자꾸 찾는 것이다. 두뇌발달에 특별히 좋다는 장난감을 언제쯤 실컷 써볼 수 있을까?

-신정동 혜리 엄마의 일기-

아기의 손조작 기술이 발달하고 걷기 시작하면서 운동기능이 발달하게 되면 부모들은 아이와 어떻게 놀아주어야 하나 고민이 이만저만이 아닙니다. 놀이라는 것은 그리 거창한 것이 아닌데도 아이들과의 놀이에 익숙하지 않은 우리 부모들은 놀이라는 것이 어렵게만 느껴지지요. 그러다보니 시중에서 판매하는 장난감들에 관심을 갖게 되고 하나씩 하나씩 늘어가는 장난감을 어떻게 정리해야 하나 한숨만 나오게 되는 경우도 많습니다.

부모들은 두뇌발달에 효과적이라는 장난감을 잔뜩 구입하고는 아이들이 별다른 관심을 보이지 않는데도 불구하고 아이가 좋아하는 장난감은 저만치 숨겨놓고 부모가 좋다고 생각하는 장난감을 가지고 놀기를 바라기도 합니다.

놀이는 아이들에게 있어서 매우 중요한 삶의 한 부분이고 놀이의 매개체가 되는 것이 바로 장난감이지요. 아이들이 즐겁게 가지고 놀 수 있는 적절한 장난감과 아이의 욕구에 민감하게 반응하는 엄마, 아빠가 함께한다면 아이들을 둘러싼 세상은 온통 즐거운 놀이세상일 것입니다.

그런데 아이들이 장난감을 가지고 놀 때 집중을 잘할 수 있어야 재밌게 놀 수 있고, 즐거운 놀이를 통해서 인지발달을 촉진시킬 수 있기 때문에 영유아의 집중력을 키워나가도록 놀이환경을 만들어주는 것은 매우 중요하지요.

장난감을 활용하여 영유아의 집중력을 키우기 위해서 고려해야 할 사항들을 살펴보도록 하겠습니다.

유아의 발달수준에 적합한가

좋은 장난감이란 아이들의 연령과 발달수준에 맞는 장난감입니다. 아이의 연령과 발달수준에 맞지 않는 장난감은 가지고 놀고 싶은 마음이 생기지 않으며, 아이들에게 놀이에 대한 흥미를 잃게 하지요. 자녀에게 좋은 장난감을 풍부하게 안겨주고 싶은 욕심에, 구입하려는 장난감이 아이에게 적합한 것인지를 따져보지도 않고 무조건 구입해서 아이에게 안겨줌으로써 놀이에 대한 아이의 흥미를 잃게 하는 오류를 범하지 말아야겠습니다.

어른의 도움 없이도 조작이 가능한가

엄마, 아빠나 선생님 혹은 다른 누군가가 도와주어야만 조작이 가능한 것은 아이의 흥미를 잃게 만들기 때문에 장난감은 미숙하게라도 스스로 조작이 가능한 것이라야 합니다. 아이가 혼자서 조작하기에 너무 복잡한 구조를 가지고 있다면 아이는 몇 번 조작을 시도하다가 이내 흥미를 잃고 포기하고 말 것이며, 뜻대로 조작이 잘 안 될 때 아이는 신경이 날카로워지고 예민해지기 때문에 성격발달에도 부정적인 영향을 미치게 됩니다.

안전성이 있는가

상황에 대한 대처능력이 떨어지는 어린이들이 가지고 놀기에 위험한 장난감은 내 자녀의 놀잇감으로 적합하지 않다는 것을 잊지 맙시다. 견고하게 만들어지지 않아 쉽게 부서지는 등 위험 요소가 있는 장난감은 아이의 놀잇감에서 제외시켜야 합니다. 아무리 아이들이 가지고 놀기에 흥미롭고 재미있는 장난감일지라도 내 아이의 안전을 조금이라도 위협한다면 주저하지 말고 장난감을 치우도록 해야 합니다.

장난감의 색이 아이의 흥미를 느끼게 하는가

아이들은 색에 민감합니다. 간혹 어른들의 취향에 맞는 장난감을 선택하는 실수를 하는 일이 있는데, 아이가 흥미를 느끼는 색으로 만들어진 장난감인지를 잘 살펴보아야 합니다. 장난감을 고를 때는 부모가 보기에 좋아 보이는 것이 아니라, 아이가 흥미를 느끼고 좋아하는지가 중요한 기준이 되지요.

따라서 아이가 고른 색이 부모가 보기에 유치하고 만족스럽지 않더라도 아이의 선택을 흔쾌히 존중해주도록 합시다.

아이의 발달 영역을 자극하는가

영유아기의 장난감은 단순한 즐거움을 주는 것으로 그 역할을 다하는 것이 아니라, 지적·사회적 성격 발달을 도울 수 있는 놀이를 위한 매개체이어야 합니다. 그러므로 장난감은 아이의 발달 영역을 자극할 수 있는 것이어야 합니다. 장난감을 단순히 아이를 즐겁게 해주기 위한 놀이도구로만 여긴다면 아이의 발달에 유익한 장난감을 고를 수가 없습니다. 아이의 장난감이 아이의 발달에 도움이 되는지, 특히 그 장난감이 어떤 영역을 발달시킬 수 있는지에 대해 열심히 정보를 탐색해 나가도록 합시다.

아이가 가지고 놀기에 적당한 크기와 무게인가

아이가 스스로 조작하고 이동시키기에 적합한 크기와 무게로 만들어진 장난감이어야 아이의 흥미를 유지시킬 수 있습니다. 가정에서 아이들이 가지고 노는 장난감을 보면, 가끔씩 아이들이 크고 무거운 장난감을 낑낑대고 가지고 다니다가 집안 어딘가에 그냥 내팽개쳐 버리는 모습을 볼 수 있습니다. 내 아이의 연령에 맞는 적당한 크기와 무게로 만들어진 장난감을 마련해주는 것이 아이가 즐겁게 놀 수 있도록 돕는 부모의 중요한 의무임을 잊지 맙시다.

자녀에게 적절한 장난감을 선택해주고 호기심으로 가득 차 있는 영유아의 자녀들을 위하여 다양한 놀이환경을 만들어주어야 하며, 주기적으로 새로운 장난감을 주어 새로운 것에 대한 호기심을 자극하고 싫증으로 인해 집중력이 떨어지지 않도록 하는 것도 중요합니다. 그런데 새로운 것에 대한 호기심을 자극한다고 자주, 한꺼번에 많은 장난감을 주는 것은 오히려 집중에 방해가 되므로 한 가지 장난감을 충분히 가지고 놀 수 있도록 하는 것이 좋습니다.

무엇보다 중요한 것은, 우리 아이들은 비싸고 화려한 장난감을 가지고 혼자 노는 것보다는 짝짜꿍 놀이 하나를 하더라도 엄마, 아빠와 눈을 맞추고 깔깔거리며 상호작용하는 것을 훨씬 즐거워한다는 것을 잊지 말아야겠습니다.

 컵 쌓기 놀이

준비물_ 각종 크기의 플라스틱 컵
효과_ 모양지각과 집중력 발달, 감각자극, 대소근육 발달, 두뇌발달

영아들은 쌓고 무너뜨리는 활동을 하며 매우 즐거워하는 모습을 보입니다. 각종 크기의 플라스틱 컵에 스티커를 붙이거나 펜으로 그림을 그려 보기 좋게 만들어서 아이가 쉽게 쌓고 무너뜨릴 수 있도록 해봅시다.

컵 쌓기 놀이를 통해서 집중력을 키우며 물건을 조작하는 능력과 대소근육을 발달시키는 것을 도울 수 있습니다. 서로 다른 크기의 컵을 쌓으면서 수 개념과 크기나 양 개념도 배워나갈 수 있는 것이지요.

> **TIP 엄마·아빠표 장난감**
>
> 시중에서 구입하는 장난감만큼 정교하지는 못하겠으나 엄마, 아빠가 직접 만들어주는 장난감은 훌륭한 교육적 효과가 있습니다. '엄마, 아빠가 나를 위해 예쁜 장난감을 만들어주셨어' 라고 느끼며 아이는 이 세상 그 무엇보다도 소중한 나만의 장난감을 가지게 되고 마음 따뜻하게 즐거운 놀이를 할 수 있게 되는 것이지요.

활발한 움직임을 통해 학습  능력을 키우는 시기: 3세-5세

여아용 장난감?
남아용 장난감?

생긴 건 깍쟁이에 여우 같은 우리 은지가 요즘 노는 것을 보면 완전 머슴아가 따로 없다. 어렸을 때부터 오빠와 놀고 오빠 친구들하고 어울린 은지. 유난히 오빠들 놀이에 끼고 싶어 안달을 내곤 했다. 귀찮아하는 오빠의 구박과 핍박 속에서도 굳건히 자기도 끼워줄 것을 꾸준히 요구하는 딸아이. "야, 넌 딱지도 못하잖아……", "야, 조은지, 저리 가! 오빠 귀찮다고!!", "엄마, 오빠가 난 안 시켜준대……", "나도 딱지 사달라고!!" 남자아이에게 남자의 놀이만을, 여자아이에게 여성스런 놀이만을 권할 수는 없지만 이러다가 점점 여자아이들의 세계에서 왕따가 되는 것은 아닐까 살짝 겁이 나는 것도 사실이다. 활달한 것도 좋지만 여성스럽고 공주 같은 딸의 모습을 원하는 건 부모의 욕심일까?

-일산동 은지 엄마의 일기-

일반적으로 성별에 대한 명확한 인식이 없는 유아일지라도 모방이나 어른들의 강화 등에 의해 자신의 성에 적합하다고 인식되는 장난감을 가지고 노는 모습을 보입니다. 아이들은 흔히 자신과 같은 성을 가진 또래나 나이가 더 많은 다른 아이들의 놀이를 보면서 모방행동을 보이게 됩니다. 또한 자신의 놀이를 지켜보는 주변 사람들의 칭찬이나 비난을 통해 자신의 성에 적합하다고 인식되는 놀이를 하고 장난감을 선택하지요.

여자아이가 장난감 총이나 장난감 칼과 같은 것을 가지고 논다고 가정해 봅시다. 대개 그 모습을 보는 주변 사람들은 '여자답지 못하다'며 걱정합니다. 여자아이는 소꿉놀이나 인형놀이를 하는 것이 당연하다고 생각하지요. 아이들은 이렇게 주변 사람들의 칭찬이나 비난을 통해 자신의 성에 적합하다고 인식하는 장난감을 선택하도록 강화받는 과정을 거칩니다.

그러나 처음부터 남아용 장난감, 여아용 장난감이라는 것이 정해져 있는 것이 아닌 만큼, 남아와 여아 모두에게 어른의 시각에서 성에 적합하지 않다고 인식되는 장난감을 가지고 노는 것에 대해서 부정적인 메시지를 주지 않도록 해야 합니다. 장난감 선택의 기준은 성별에 상관없이 아이의 연령수준과 발달수준에 맞고 각 발달 영역을 자극할 수 있는 교육적이고 과학적인 것이어야 함을 잊지 맙시다. 성에 적합하지 않다고 인식하여 아이가 선택하는 장난감에 대해 부정적인 메시지를 주는 것은 다양한 장난감을 접할 수 있는 기회를 박탈하는 것이며, 아이를 불안하게 만들 수 있는 부작용이 있습니다. 아이의 선택을 지지하고 격려하도록 합시다.

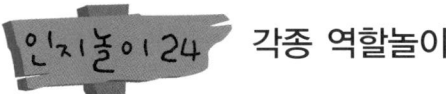
각종 역할놀이

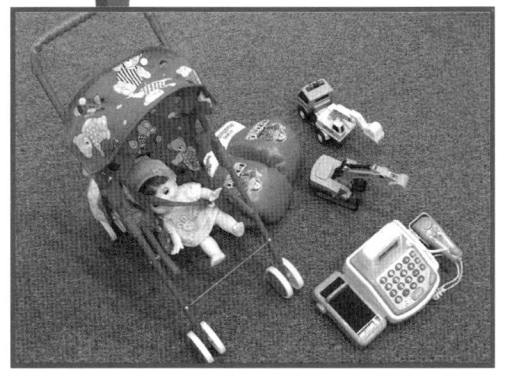

준비물_ 각종 역할을 경험할 수 있는 역할놀이 장난감
효과_ 자유로운 장난감 선택

아이들이 부모들의 시각에서 바라보는 고정적인 성 역할에 맞는 장난감을 선택해서 놀기를 요구하고 그 기준에 맞지 않는 장난감을 가지고 노는 아이를 야단치거나 조롱하는 경우가 많이 있습니다.

그러나 사회의 인식이 점차 변화하고 있고 성차에 상관없이 남녀의 역할 분담이 점점 더 활발하게 이뤄지고 있는 만큼, 성 역할에 대한 고정관념이 없는 유아 시기에 자유롭게 장난감을 선택해서 놀 수 있는 환경을 만들어줘야 합니다. 소꿉놀이, 자동차, 기차, 딱지, 인형놀이 등 성별에 제한받지 않고 다양한 장난감으로 역할놀이를 하며 즐겁게 놀 수 있도록 격려하여 다양한 장난감을 접할 기회를 박탈하지 않도록 해야겠습니다.

> **TIP 유아기 성별에 대한 인식은 언제부터 시작될까?**
>
> 일반적으로 만 2-3세가 되면 신체에 대한 궁금증이 생기고 남녀 신체의 차이를 인식하기 시작합니다. 성에 대해 관심을 가지고 아이가 이것저것 물어볼 때 부모가 성에 관련된 내용을 언급하는 것을 금기시하거나 부정적인 메시지를 준다면 아이는 성과 관련한 것에 대해 부정적인 생각과 왜곡된 생각을 가지게 됩니다. 그러므로 성에 대한 아이의 질문에 대답을 해줄 때는 솔직하고 긍정적으로 해야 한다는 것을 꼭 명심해야겠습니다.

활발한 움직임을 통해 학습  능력을 키우는 시기: 3세-5세

또래들과의 상호작용을 통해
사회성을 발달시켜 나간다

요즘 동그란 딱지가 유행하나 보다. 동네 남자아이들은 한 손에 딱지 가방을 들고 다니고, 놀이터에 나가면 삼삼오오 앉아서 딱지를 친다. 우리 아이도 그 틈에 끼어 딱지 치는 것을 보고 딱지를 달라고 형들에게 엉긴다. 엉기는 아이가 귀찮은 동네 꼬마들이 찢어지기 직전의 딱지를 던져주면 아이는 좋다고 받아온다. 그런 모습이 안타까워 문방구에 가서 딱지 세 개를 사주었다. 아이는 너무 좋아하며 놀이터로 가 삼삼오오 앉아 있는 꼬마들 틈으로 엉덩이를 붙이고 앉는 것이다. 그 꼬마들이 귀찮아하는 것도 모르고 자기 마음대로 딱지를 내려치는 것이다. 그동안 봐온 대로 딱지를 내려치고 돌리고 보여주고……. 동네 형들이 우리 아이 눈치 없다고 구박하지는 않을까?

-화정동 주환 엄마의 일기-

유아들은 또래들과의 상호작용을 통해서 규칙을 배우고 정서와 인지, 사회성을 발달시켜 나가게 됩니다. 하지만 유아는 자기중심성이 강하여 다른 사람의 입장이나 관점을 이해하기가 여간 어려운 일이 아니지요.

유아기 초기에는 또래들에게 관심도 많지만 아직은 사회적인 기술이 부족하기 때문에 협동이 잘 되지 않고, 주도성과 독립성이 강해지면서 자신의 물건에 대한 집착이 강해지기 때문에 억지로 물건이나 장난감을 나눠 쓰도록 강요하는 것은 무리입니다.

하지만 4-5세 시기에는 점차 물건이나 장난감을 서로 나누는 것을 배워나갈 수 있기 때문에 이 무렵에는 나눠서 함께 쓰는 것이 더 즐거울 수 있다는 것을 배워갈 수 있도록 조금씩 시도해보는 것이 좋습니다. 엄마, 아빠가 다른 사람과 무엇인가를 나눠 쓰는 것을 보여주면 매우 효과적입니다.

놀이와 또래 상호작용을 통해 세상을 배워나가는 우리 아이들입니다. 유아들은 또래들끼리 서로서로 모방을 하며 사회성을 발달시켜 나간다는 것을 잊지 말고 또래와 마음껏 어울릴 수 있는 환경을 만들어주도록 해야겠습니다.

 **사회성을 발달시켜주는 모래놀이**

준비물_ 모래상자, 놀이용 모래
효과_ 모양지각과 집중력 발달, 감각자극, 대소근육 발달, 두뇌발달, 표현력 발달, 수 & 양 개념 발달, 사회성과 정서 발달

모래놀이는 촉각을 자극하고 다양한 모양도 만들며 막대기도 꽂는 등 참으로 다양한 활동을 할 수 있기 때문에 아이들에게 매우 인기가 높은 놀이이지요. 집에서도 얼마든지 모래놀이를 할 수가 있습니다.

모래상자에 놀이용 모래를 채우고 여러 모양을 만들 수 있도록 합니다. 나무젓가락, 양초, 깃발 등 재밌게 꽂을 수 있는 것들과 물에 젖지 않는 작은 인형들도 가져다놓고 즐겁게 모래놀이를 하면서 성취감, 또래들과의 정서적 유대감을 느낄 수 있게 됩니다.

또한 자유롭게 다양한 모양을 만들고 다른 친구들이나 엄마, 아빠가 만드는 모양도 따라 만들면서 표현력도 길러지고 양의 개념도 발달시켜 나갈 수 있습니다. 다양한 크기와 모양의 모래 덩어리를 만들면서 모래 한 덩이, 모래 두 덩이……. 하나, 둘, 셋의 수 개념과 양 개념을 익혀갈 수도 있는 것이지요.

효과적인 친구 사귀기 지침

효과적으로 친구를 사귀기 위해서는 다음과 같은 점들을 고려하여 아이를 지도해야 합니다.
① 친구가 좋아하는 것, 어디에 사는지 등 친구에 대한 관심을 보이도록 한다.
② 친구와의 약속을 잘 지키도록 한다.
③ 친구에게 신체적인 공격을 하지 않도록 한다.
④ 친구에게 소리를 지르거나 욕을 하지 않도록 한다.
⑤ 친구를 도와주도록 한다.
⑥ 친구를 귀찮게 하지 않도록 한다.

활발한 움직임을 통해 학습  능력을 키우는 시기: 3세-5세

책읽어주기는
아이의 정서를 발달시킨다

우리 아이는 보통 책을 읽어줄 때 열심히 듣지 않는 편이다. 하지만 책을 가지고 노는 건 좋아한다. 특히 좋아하는 책이 있는데 과학 동화, 자연 도감 등 주로 자연과 과학에 관한 책들이다. 오늘도 어김없이 70권이 넘는 자연과학 책들을 죄다 꺼내 땅에다 징검다리를 만들어놓고 건너 다니는 것이 아닌가? 정환이는 제 누나에 비하면 아직까지는 책 읽는 시간을 그다지 즐거워하는 것 같지 않다. 하지만 책을 읽어 달라며 수십 권의 책들을 끙끙 이고 오긴 한다. 내가 열심히 읽어주면 저만치 장난감 있는 곳으로 가서 딴 짓을 하기는 하지만······.

-화정동 정환 엄마의 일기-

엄마, 아빠가 생동감 있게 책을 읽어주면 유아의 청각적인 집중력을 기르는 데 도움이 됩니다. 효과적인 학습을 위해서는 잘 듣는 능력이 발달해야 하는데, 재미있는 이야기 책을 읽어주면 자연스럽게 귀가 쫑긋하며 책의 내용에 빠져들게 되고, 또 자연스럽게 청각적인 집중력을 길러나갈 수가 있습니다.

또한, 책 읽어주기는 청각적인 집중력을 기를 뿐만 아니라 어휘력을 향상시키고 모방을 통해 읽기 기술을 발달시키며, 책을 읽어주는 엄마, 아빠와의 상호작용을 통해 자녀의 정서를 발달시킵니다.

아이에게 책을 읽어줄 때는 리드미컬한 목소리로 생동감 있게 읽고 주기적으로 아이와 눈을 맞추며, 한 번씩 엄마, 아빠가 어떤 내용을 읽었는지 차근차근 물어보고 아이에게 이야기를 하도록 지도하면 집중력도 기르고 기억력도 발달시킬 수 있는 일석이조의 효과가 있지요.

엄마, 아빠가 읽어주는 책 내용에 주의를 기울이며 집중력을 키우는 것은 다른 사람의 말에 주의 깊게 귀 기울이는 훌륭한 연습이 되며, 다른 사람의 말에 귀를 기울여 듣는 것은 학습과 인성발달에 매우 큰 영향을 미치게 됩니다.

그런데 아직 집중해서 들을 준비가 안 되어 있는 우리 유아들에게는 책을 읽어주기에 앞서 흥미를 끌 수 있는 즐거운 놀이를 통해 먼저 청각적인 집중력을 키울 수 있는 연습을 하는 것이 효과적입니다. 독서습관을 기르기 위해서 아이가 집중해서 듣지 않는데도 책을 무조건 많이 읽어주는 것은 엄마, 아빠가 들이는 노력에 비해 효과적이지 않은 것이지요.

물고기 잡기 놀이

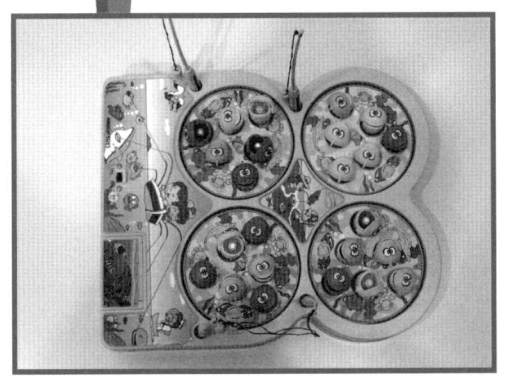

준비물_ 물고기 낚시 게임 도구
효과_ 대소근육 발달, 시각주의력 & 청각주의력 향상, 충동조절 능력 향상

이 놀이는 시중에서 판매하는 물고기 낚시 게임을 이용한 것으로 "빨간 물고기 잡아라", "노란 물고기 잡아라", "녹색 물고기 잡아라" 하는 지시사항을 잘 듣고 해당 물고기를 잡는 놀이입니다. 상대방의 지시를 잘 듣고 그대로 따라 해야 하기 때문에 주의집중을 기르는 데 효과적이며 자녀가 초등학교에 입학하게 되면 학교 수업시간에 선생님의 말씀을 잘 경청할 수 있는 연습이 됩니다.

〈놀이 순서〉
① 시중에서 판매하는 '물고기 낚시 게임' 도구를 준비한다.
② 한 손만 사용하여 물고기를 잡아야 한다는 규칙을 잘 설명해준다.
③ "빨간색 물고기 잡으세요", "노란색 물고기 잡으세요" 등 잡아야 하는 물고기를 지정해주고 지정된 물고기를 잡도록 한다.

청각주의력이 학습에 미치는 영향

청각주의력이 취약하면 작은 소리에도 쉽게 주의가 분산되고 학교에 입학해서는 선생님의 말씀에 주의를 기울이지 못하기 때문에 놓치는 정보가 많을 수밖에 없습니다.

청각주의력이 낮으면 다른 사람이 하는 말을 자꾸 되물어야 하며, 엉뚱한 방향으로 일을 처리하기 때문에 부정적인 피드백을 받게 되어 정서적으로 위축되고, 위축된 정서는 다시 학습에 부정적인 영향을 미치게 되어 정서와 학습이 서로 부정적인 영향을 계속 주고받게 됩니다.

활발한 움직임을 통해 학습  능력을 키우는 시기: 3세-5세

식물 키우기는 책임감을 발달시킨다

은지는 요즘 하루 중에 중요한 일과가 하나 생겼다. 동물이든 식물이든 키우는 걸 유난히도 좋아하는 은지가 요즘은 콩나물을 키우는 재미에 흠뻑 빠져 있다. 할머니가 보내주신 콩나물 콩과 콩시루. "엄마~ 또 물 줘도 돼?", "엄마~ 콩나무 목마르대?" 하며 하루에도 몇 번씩 물을 주며 말을 시키고 아주 애지중지하며 콩나물을 아기 다루듯이 한다. 아이에게 무언가에 책임감을 가지고 열중하게 한다는 것은 아주 소중한 경험인 듯하다. 마트에서 사는 것처럼 예쁘지는 않지만 아주 귀한 무공해 은지표 콩나물. 자꾸 검은 천을 들추고 들여다봐서 비록 시퍼렇게 콩 색깔이 변했지만 제법 길쭉한 부리가 탐스럽게 잘도 자랐다. 오늘밤 콩을 불려 콩나물을 또 기르게 해주어야겠다.

-일산동 은지 엄마의 일기-

사람들은 자연과 함께 더불어 살아갑니다. 하루 일과를 시작해서 잠자리에 들기까지 자연 속에서 여러 동식물을 보면서 많은 것을 느끼고 마음의 위로를 받기도 하지요. 동식물들과 함께 호흡하면서 생명에 대한 소중함을 배우고 정서를 발달시키며, 나 이외에 사람들, 다른 생명들을 배려하고 존중하는 마음을 키워나가게 됩니다. 사람들이 식물을 키우며 식물을 가까이 하는 이유는 환경을 아름답게 꾸미기 위한 것뿐만 아니라 스트레스 해소와 함께 자아존중, 성취감 향상에 도움이 되기 때문이지요.

식물을 키우면 계획, 점검, 관리하는 능력인 '초인지'를 발달시켜 나가는 데 도움이 되는데요, 이 초인지 기능이 발달한 사람들이 일에서도 성공하고 학업에서도 우수한 성과를 거둘 수가 있습니다. 아이의 학습능력을 키운다고 부모가 나서서 마치 매니저처럼 아이의 일을 관리하는 것은, 결국 부모가 더 이상 관여하기 힘든 시기인 자녀의 사춘기 무렵에 벌어지는 갈등과 충돌의 주범이 되는 것이지요.

유아기 때부터 자신에 대해서 조금씩 들여다보고 생각하는 힘을 키우는 것이 중요합니다. 어린이집이나 유치원의 준비물을 챙길 때, 아직 미숙한 자녀를 위해 엄마, 아빠가 함께 도와주되 가방에 직접 넣는 것은 아이가 할 수 있도록 하는 것이 좋습니다. 반복적으로 챙기는 물건들은 아이가 찾도록 하면서 자신의 물건을 챙기고 계획, 점검, 관리하는 능력을 키워나가도록 해야겠습니다.

유아기 때부터 초인지를 발달시켜 나가도록 부모가 방향을 잡고 지도한다면, 앞으로 학교생활을 해나가면서 스스로 공부하는 힘을 잘 길러나갈 수가 있는 것이지요.

어린 시절, 양파의 뿌리가 자라나는 것을 보거나 꽃을 키우며 신비로운 생명에 대한 감탄, 성취감, 책임감을 느꼈던 기억이 누구에게나 한 번쯤 있을 것입니다. 자녀가 책임감을 가진 아이들로 자라나길 바라면서도 정작 책임감을 어떻게 길러가야 할지, 어떻게 아이들을 지도해야 할지에 대해서는 막연하게 생각되곤 하지요.

일상생활에서 정서발달에도 도움이 되고 책임감을 길러나가는 데 도움이 되는 대표적인 활동이 바로 '식물 키우기'입니다. 식물을 키우고 관찰하고 수확하며 내 것에 대한, 내가 하는 일에 대한 책임감을 발달시켜 나갈 수 있는 것이지요.

식물을 키우면서 엄마, 아빠와 함께 대화를 나누고 과정 과정을 사진에 담아서 식물관찰일지를 만들어놓는다면 시간을 두고 볼 수 있어서 아이들이 성장했을 때 행복한 추억거리가 될 수도 있습니다. 식물을 관찰하며 집중력도 키울 수 있으니 아이들에게 식물 키우기란 참으로 여러 가지 효과가 있는 것이지요.

어린 시절에는 성장하는 데 시간이 많이 걸리는 식물을 키우면 자칫 흥미를 잃게 할 수도 있으므로 성장하는 데 시간이 적게 걸리는 것을 선택해서 키울 수 있도록 하는 것이 좋습니다. 콩나물처럼 키우는 데 시간도 적게 걸리고 아이가 키워서 가족들이 함께 먹을 수 있는 것이면 더욱 좋습니다.

 **콩나물 키우기**

준비물_ 콩나물 시루나 화분, 콩나물 콩
효과_ 정서발달, 책임감 & 집중력 발달

〈놀이 순서〉

① 시중에서 판매하는 콩 시루나 물이 잘 빠질 수 있는 화분, 콩나물 콩을 준비한다.
② 콩나물 콩을 반나절이나 한나절 물에 불린다.
③ 깨진 콩 등은 잘 골라낸다.
④ 불려놓은 좋은 콩을 시루에 넣고 검은 천으로 덮은 다음 매일 여러 번 물을 준다.

콩나물을 키울 때는 콩이 햇빛을 받으면 색이 퍼렇게 변하므로 물을 줄 때를 제외하고는 검은 천을 자주 들추지 않도록 하고, 물이 고이면 콩이 썩게 되므로 화분은 물이 잘 빠지는 것으로 준비해야 합니다.

원예치료?

최근에는 식물을 키우면서 심리정서적인 치료가 될 수 있도록 하는 '원예치료'가 이뤄지고 있습니다. 식물을 키우면서 의사소통 능력, 사회성 발달, 충동조절 능력 개선, 불안이나 우울 해소를 통한 정서발달 등 심리사회적인 면에서 큰 효과를 볼 수 있는 것이지요. 한 연구 결과에서는 원예치료를 통해서 심전도, 혈압, 근육 등의 신체적인 면에서도 긍정적인 효과를 볼 수 있는 것으로 나타나기도 했습니다.

활발한 움직임을 통해 학습  능력을 키우는 시기: 3세-5세

역할놀이로 사회성 발달을 돕자

무더운 날씨가 계속되는 요즘 무얼 하면서 아이와 한나절을 보낼까 고민하는데 제 누나가 마침 방학이라 덕을 보고 있다. 오늘 낮에는 그동안 벽에 붙여놓았던 과일, 채소 그림을 떼어 하나하나 오려주었더니 큰 상을 펴놓고 그곳에 오린 과일과 채소 그림을 나열하고 과일가게를 시작했다. 누나는 손님이 되고 아이는 주인이 되어 수박 한 덩이가 얼마냐는 질문에 아이는 '삼떤 원이요' 하고 혀 짧은 소리로 대답했다. 녀석이 어느새 커서 누나와 역할놀이를 하는 것이었다. 손님에게는 존댓말 하는 걸 어찌 알았는지 꼬박꼬박 존댓말로 제 누나가 묻는 가격마다 답해주었다. 남매가 나란히 앉아 노는 모습을 볼 때 얼마나 뿌듯하고 행복한지!

-화정동 정환 엄마의 일기-

역할놀이는 여러 상황의 역할을 수행해보는 활동을 통하여 유아들이 새로운 지식을 습득하고 다른 사람의 관점에서 생각하고 느끼는 것을 도와주는 놀이를 말합니다. 유아들은 언어발달적인 측면에서 아직 미숙하기 때문에 새로운 지식과 규칙들을 배워나가는 데는 언어적인 설명보다 실제로 해보는 놀이가 훨씬 더 효과적인 것이지요.

유아들은 5-6세가 되기 전까지는 자기중심성이 강하여 다른 사람의 관점에서 이해하고 느끼는 것이 매우 어려운 일입니다. 따라서 유아들이 자기중심성에서 조금씩 벗어나서 다른 사람의 감정을 이해하고 배려하는 사회성이 발달하는 것을 돕기 위해서 여러 상황과 사건을 놀이를 통해 경험하는 것은 매우 중요한 것입니다.

역할놀이를 통해서 유아들은 용서, 나누기, 도와주기, 위로하기 등 사회성 발달에 필요한 기술들을 익혀나가게 됩니다. 역할놀이를 통해서 다른 사람이 하는 행동을 관찰하며 바람직한 행동을 배워나가는 효과도 있습니다. 어른들뿐만 아니라 또래의 친구들을 관찰하면서도 바람직한 행동을 많이 배워가기 때문에 역할놀이를 하면서 유아들은 서로서로 긍정적인 영향을 미치게 되는 것이지요.

사회적으로 바람직한 행동을 하려면 다른 사람의 입장이나 감정을 잘 이해하는 것이 무엇보다 필요합니다. 그러므로 역할놀이를 통해서 다른 사람의 입장을 경험하는 것은 유아들이 앞으로 사회적으로 바람직한 행동을 배워나가고 실천하는 데 매우 효과적인 것이지요.

자, 이제 역할놀이의 교육적 효과를 정리해보겠습니다.

새로운 기술과 지식 습득

유아들은 역할놀이를 통해서 사회적 상황에 대처하는 새로운 기술과 지식을 습득하게 됩니다. 의사소통 기술을 배우고, 살아가면서 필요한 지식을 습득함으로써 한층 더 성장해 나갈 수 있는 것이지요.

탈 자기중심성

자기중심적으로 생각하고 행동하는 유아들이 역할놀이를 통해 다른 사람의 입장과 감정을 이해하는 능력을 키워나갈 수 있게 됩니다. 역할놀이는 자기중심성에서 벗어나 다른 사람과의 공감능력을 향상시켜 나가는 데 도움이 되는 것이지요.

문제해결 능력 향상

역할놀이를 통해 유아들은 문제상황에 대처하여 문제를 해결할 수 있는 방법을 터득해 나갈 수 있습니다. 여러 상황에서 다각도로 생각하는 연습을 통해서 문제해결 능력을 향상시켜 나갈 수 있는 것이지요.

 종이 옷 놀이

준비물_ 옷 모양을 만들 수 있는 크기의 헝겊이나 천 혹은 적당한 종이, 스카치 테이프, 실, 바늘, 각종 장식을 할 수 있는 물건
효과_ 표현력 발달, 감각자극, 대소근육 발달, 두뇌발달, 사회성과 정서 발달

아이와 부모가 각각 놀이용 옷으로 입을 수 있을 정도의 크기가 되도록 종이를 잘라서 두 겹으로 접고 민소매 티셔츠 모양, 원피스 모양, 반팔 티셔츠 모양, 긴팔 티셔츠 모양 등 놀이에 적합한 옷본을 만들어서 아이와 함께 각종 장신구로 장식을 하도록 합니다.

아이와 함께 신나고 자유롭게 만든 놀이용 옷을 입고 소꿉놀이나 약국놀이, 학교놀이 등 평소 아이가 좋아하는 놀이를 하도록 하면 협동심, 유대감, 표현력을 기르는 효과가 있습니다. 평소 입고 있는 옷과 다른 놀이용 옷을 만들면서 아이가 신선함을 느끼도록 하고, 호기심과 흥미를 자극하여 즐거운 놀이를 할 수 있게 되지요.

TIP 역할놀이가 좋아요!

생후 20개월 무렵만 되어도 어른들의 행동을 모방하는 것을 즐기게 됩니다. 여러 행동을 모방하면서 새로운 세상을 배워나가는 것이지요. 소꿉놀이, 약국놀이, 학교놀이, 욕실놀이 등을 통해서 아이가 습득해야 하는 것들을 역할놀이를 통해서 자연스럽게 배워나갈 수 있는 환경을 만들어 주세요. 정리정돈을 하는 것과 같은 생활습관도 역할놀이를 통해서 효과적으로 길러나갈 수가 있습니다.

활발한 움직임을 통해 학습 **29** 능력을 키우는 시기: 3세-5세

아이들은 왜 거짓말을 할까?

은지는 요즘 상상을 해서 그런 이야기를 꾸며대는지 아니면 거짓말에 재미를 붙여서인지 가끔 이상한 말들을 하곤 한다. 오늘은 동네 아주머니가 하시는 말씀이, "아줌마, 우리 옛날 아빠는 아주 무섭고 도깨비 같은 아빠였는데 지금 아빠는 나한테 친절하게 하고 맨날 장난감도 사주고 안아줘요. 그래서 기분 좋아요" 그랬다는 거다. 남이 들으면 오해를 해도 한참은 할 만한 이런 밑도 끝도 없는 이야기를 눈도 깜짝 않고 얘기를 하는 것이다. 혼을 내서 고쳐줘야 하는 건지 그냥 자연스레 듣고 넘어가야 하는 건지…… 아이가 왜 자꾸 거짓말을 하는 것일까?

-일산동 은지 엄마의 일기-

어린 시절에는 충동조절을 하기가 매우 어렵습니다. 먹고 싶은 것, 사고 싶은 것, 하고 싶은 것을 참기가 힘든 것이지요. 그렇기 때문에 뜻대로 안 되면 떼를 쓰게 되고 거짓말을 하고 때로는 물건을 훔치기도 하지요.

또 유아들은 어른의 관심을 끌고 인정받기를 좋아해서 과장해서 어떤 일을 말하거나 거짓말을 하기도 합니다. 스트레스를 받을 때나 자신의 잘못한 상황을 모면하기 위해서도 거짓말이라는 미숙한 방법을 사용하게 되는 것이지요. 이럴 때는 아이의 마음을 이해해주고, 평소 아이의 행동들에 많은 격려와 칭찬을 아끼지 말고 감정표현도 자유롭게 할 수 있도록 도와주는 것이 효과적입니다.

그런데 부모가 유아들의 발달단계를 잘 이해하지 못하게 되면, 아이가 거짓말을 하거나 물건을 훔치고 떼를 쓸 때 아이의 잘못을 나무라며 심하게 야단을 치기도 합니다. 이때 아이는 잘못을 해서 엄마, 아빠가 야단치는 것을 이해하기는 하지만 어떻게 행동해야 하는 것인지를 잘 알지는 못하지요.

유아들이 규칙을 배워나가고 도덕성을 발달시켜 나가기 위해서는 부모의 양육태도가 무엇보다 중요합니다. 흔히 부모들은 아이에게 '충격요법'이 필요하다고 생각합니다. 소리를 지르거나 매를 대는 등 무섭게 해야 아이들이 말을 들을 거라고 착각하는 일이 많은 것이지요. 하지만 이런 양육방식은 아이들을 위축시키고 죄책감을 발달시키는 결과를 낳습니다.

그렇다면 부모들이 아이들의 잘못에 대처하는 대표적인 방법에는 어떤 것들이 있을까요? 다음의 세 가지 방법을 살펴보도록 하겠습니다.

권력사용

자녀의 잘못된 행동을 통제하기 위해서 부모의 권력을 사용하는 것으로, 공포나 불안을 느끼게 하는 강압적인 지시, 매를 대는 것과 같은 신체적인 제

압을 하는 방법을 말합니다.

관심과 애정 철회
자녀가 잘못된 행동을 했을 때 관심이나 애정을 철회함으로써 아이가 거부당한다는 생각에 불안을 느끼게 하여 자녀의 행동을 통제하는 방법을 말합니다.

잘못된 이유 설명
자녀가 잘못된 행동을 했을 때 그 행동이 잘못된 이유를 설명해주고 어떻게 행동해야 하는지, 잘못된 행동이 어떤 결과를 가져오는지에 대해서 자녀의 이해를 돕는 방법을 말합니다.

자녀의 잘못된 행동에 대처하는 부모의 양육방식에 대한 연구들에서 가장 효과적으로 자녀의 행동을 수정하는 방법으로 '잘못된 이유를 설명'하는 방식이 가장 효과적인 것으로 나타났습니다. 권력을 사용하거나 관심과 애정을 철회하는 방식으로 자녀의 잘못된 행동을 통제하려고 하였을 때는 자녀의 잘못된 행동을 수정하는 데 아무런 효과가 없거나 오히려 자녀의 잘못된 행동을 더욱더 강화하는 결과를 보였습니다.

자녀가 잘못을 했을 때는 야단치고 나무라거나 무관심한 모습을 보이지 말고 차근차근 잘못된 이유를 설명해주고 어떻게 행동해야 하는지를 설명해 주는 것이 가장 효과적이라는 것을 잊지 말아야겠습니다.

 ## 종이컵 전화기 놀이

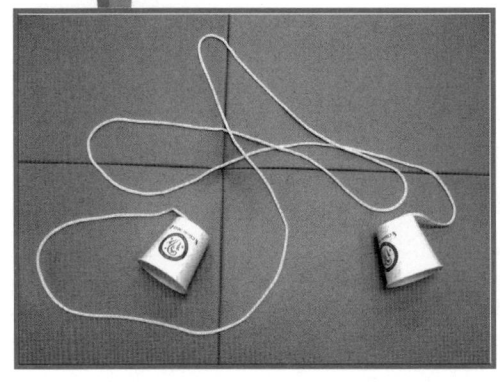

준비물_ 종이컵 두 개를 낚싯줄이나 실로 이은 요구르트 병 전화기
효과_ 말하기 & 듣기 능력 발달, 도덕성 발달, 집중력 발달, 감각자극, 두뇌발달

종이컵 2개에 각각 작은 구멍을 내고 낚싯줄이나 굵은 실을 연결하여 장난감 전화기를 만들어서 아이와 함께 전화놀이를 해봅시다. 종이컵 이외에 장난감 전화기로 활용할 수 있는 다른 물건들을 재활용해도 좋습니다.

장난감 전화기를 활용한 전화놀이는 아이의 언어능력을 발달시키고 다른 사람의 말에 귀를 기울이게 하는 교육효과가 있습니다. 특히 평소 상황에 적합하지 않게 작은 소리로 말하는 언어습관을 가진 자녀들이 큰 소리로 또박또박 말을 하는 연습을 할 수 있는 효과적인 놀이이지요.

다른 사람의 말에 귀를 기울이는 것에서부터 규칙을 따르는 능력을 키우고 도덕성을 발달시켜 나갈 수 있는 것입니다.

TIP 권력사용 방식의 부작용

자녀의 잘못된 행동에 대처할 때 아이에게 소리를 지르고 화를 내고 때리는 권력사용 방식은 타인에 대한 불복종, 반항심, 무관심, 불신감을 촉진시키는 부작용이 있습니다. 또한 권력을 사용하는 부모의 모습을 보면서 '모방' 학습이 일어나 다른 사람을 대할 때 같은 방식을 사용하게 되어 공격적인 성향을 보이게 되기도 합니다.

활발한 움직임을 통해 학습  능력을 키우는 시기: 3세-5세

아이의 마음을 부모의 눈높이에서 추측하지 말자

오늘 소아과에 가서 무료검진을 받았다. 예상대로 유제품 섭취량이 너무 많다는 얘기를 들었다. 그래서 오늘은 마트에 가서 유제품 코너를 그냥 지나쳐 다른 코너로 갔다. 안 된다는 말에 울고불고, 아이와의 실랑이가 시작되었다. 나는 머리를 써서 일단 아이가 고른 유제품들을 바구니에 담고 계산대에 와서 그것들을 슬며시 빼놓았다. 집으로 돌아온 아이는 당연히 제가 골랐던 먹거리들을 찾으며 울음을 터뜨리고……. 나는 어떻게 수습해야 할까 하는 마음에 우유를 꺼내 아이 입에 물렸다. 그랬더니 그제야 울음이 그친다. 유제품을 많이 먹으면 설사도 할 수 있고 밥도 안 먹게 되니 두유나 우유만 하루에 두 개씩 먹자고 했다. 그랬더니 의외로 나의 말을 이해하는 듯 아이가 "네" 하는 게 아닌가? 놀라지 않을 수 없었다. 부끄러운 마음이 드는 하루였다.

-화정동 정환 엄마의 일기-

어른들은 흔히 설명을 해도 아이들이 잘 이해하지 못할 것이라 생각하고 원하는 것을 일방적으로 아이들에게 강요하곤 합니다. 부모가 설명하는 것을 자녀가 온전히 이해하지는 못하더라도 무엇을 해야 하는지는 알 수 있지요. 부드럽게 차근차근 설명해주는 것이 아이의 반감을 사지 않고 원하는 행동을 하도록 하는 데 효과적입니다.

어느 한 엄마가 몸의 컨디션이 좋지 않을 때마다 아이에게 심하게 짜증을 내고 화를 냈다고 합니다. 그래서는 안 된다고 생각하면서도 컨디션이 안 좋을 때는 신경이 날카로워져서 아이에게 별일 아닌 일에도 자꾸만 화를 내곤 했던 것이지요. 아이가 질문을 하거나 귀찮게 하면 '내가 힘들다고 말해봤자 알아듣기나 하겠어?' 하는 마음에 그저 화를 내기만 한 것입니다. 하루는 마음을 가다듬고 아이에게 이렇게 설명했다고 합니다.

"엄마가 몸이 안 좋을 때는 네가 혼날 만한 일을 하지 않았을 때도 엄마가 화가 많이 나서 짜증을 많이 내게 된단다. 네가 잘못해서 엄마가 화를 낸 것이 아니란다. 엄마가 화를 내서 미안해, 엄마가 그러지 않기 위해서 노력할게. 하지만 또 엄마가 몸이 안 좋을 때는 화를 낼 수도 있으니 그때는 네가 이해해주렴."

아이가 알아들을 수 있을까 반신반의하면서 말을 꺼냈다고 합니다. 그런데 아이가 엄마가 하는 말을 조용히 듣고 있다가 엄마 말이 다 끝나자 이렇게 얘기했다는 것이지요.

"엄마! 빨리 그렇게 말해주지요······. 알았어요, 엄마. 엄마가 아플 때는 나도 엄마 화 안 나게 하려고 노력할게요."

아이의 반응에 엄마는 깜짝 놀랐다고 합니다. '진작 설명을 해줄 걸······. 내가 우리 아이를 너무 과소평가 했구나······' 하고 말이지요.

자녀의 마음을 부모의 시각에서 추측하고 판단해서 일방적으로 행동하는 실수는 하지 말아야겠습니다. 아이가 이해를 못 할 거라고 생각해서 부모가 일방적으로 행동한다면 자녀와의 대화는 점점 단절되고 서로 의사소통이 잘 되지 않아 오해와 갈등이 생기게 되는 것이니까요.

엄마, 아빠가 몸이 많이 지쳐서 아이와 함께 적극적으로 놀아주기 힘들 때에도 놀아달라고 떼를 쓰는 아이를 야단치면서 거부하는 모습을 보이지 말고 힘들어도 최대한 미소 지으면서 "엄마, 아빠가 지금 많이 힘들어서 놀아줄 수가 없단다. 엄마, 아빠가 다시 힘 생기면 놀아줄게~" 하며 아이의 마음을 달래주어야 합니다. 설명 없이 거부당하는 아이는 엄마, 아빠에게 더 떼를 쓰며 매달리는 모습을 더 많이 보이게 됩니다.

엄마, 아빠의 마음을 이해하는 우리 아이들의 능력은 어른들이 생각하는 그 이상이라는 것을 기억하도록 합시다.

 **인터뷰 놀이**

준비물_ 마이크 달린 녹음기
효과_ 듣기 & 말하기 능력 발달, 표현력 발달, 집중력 발달

흔히 부모들은 아이가 친구들과 놀면서 있었던 일이나 아이의 생각을 부모에게 많이 얘기해주길 바랍니다. 자녀가 어린이집이나 유치원에 다니게 되면 친구들과 어떻게 지냈는지, 무엇을 배웠는지 등등 이것저것 물어보며 아이가 얘기해주길 원하는 것이지요.

그런데 아이들이 얘기를 잘 해주지 않으면 도통 아이가 엄마, 아빠한테 있었던 일을 잘 얘기해주지 않는다며 속상해하기만 하는데요, 아이들이 놀이를

통해 하루 중 있었던 일을 얘기할 수 있도록 하면 훨씬 효과적으로 자녀와 대화를 나눌 수가 있습니다.

아이들이 열광하는 학습도구 중의 하나인 마이크 달린 녹음기를 활용하여 인터뷰를 하는 식으로 놀이를 하는 것이지요. "아아, 아아, 마이크 테스트, 마이크 테스트, 오늘 유치원에서는 무엇을 배웠나요?", "오늘 먹은 음식 중에서 가장 맛있었던 것은 무엇입니까?", "엄마, 아빠에게 하고 싶은 말은 없나요?" 등등 인터뷰를 하는 식으로 아이와 대화를 나눈다면 마이크를 통해서 들려오는 목소리가 신기하기도 하고 평소에 대화를 나누는 방식과 다르기 때문에 엄마, 아빠와 나누는 대화가 즐거운 놀이처럼 느껴져서 아이들의 표현력을 기르는 데 효과적입니다.

인터뷰의 교육적 효과

엄마, 아빠가 질문을 하는 방식도 효과적이지만 아이가 엄마, 아빠에게 질문을 하는 것은 자녀의 듣기 & 말하기 능력을 향상시키는 데 더욱 효과적입니다. 엄마, 아빠에게 질문을 하며 인터뷰를 하면 말하기와 듣기가 동시에 되므로 의사소통 능력을 즐겁게 키워나갈 수 있는 것이지요. 어떤 질문을 해야 하나 생각하며 사고력을 기르고, 상대방이 말하는 것을 귀담아들으며 집중력도 발달시킬 수 있으니 인터뷰는 유아부터 중고생에 이르기까지 참으로 효과적인 것이지요.

활발한 움직임을 통해 학습  능력을 키우는 시기: 3세-5세

오감을 자극하는 감각지도를 만들자

영유아 때는 감각을 자극하는 활동을 많이 하는 것이 좋다고 한다. 그래서 감각을 자극하는 여러 방법들을 알아보고 열심히 아이의 감각을 자극하기 위해 노력하고 있지만, 왠지 그때뿐이라는 생각을 떨쳐버릴 수가 없다. 우리 준영이와 조금 더 체계적이고 효과적으로 감각자극 놀이를 할 수 있는 방법이 없을까?

-신림동 준영 엄마의 일기-

앞서, 1장의 〈호기심 천국, 아기의 감각을 자극하자〉에서 온몸을 통해 세상을 배워나가는 영유아기에는 감각을 자극하는 교육법이 효과적이라고 설명하였습니다. 그렇다면 감각자극은 구체적으로 영유아의 어떤 능력을 발달시킬 수 있을까요? 감각자극의 교육적인 효과에 대해서 살펴보도록 하겠습니다.

주의집중력의 발달

주의집중력을 발달시키기 위해서는 감각을 이용해 보고, 듣고, 냄새 맡고, 만지고, 맛보는 감각경험이 중요합니다. 감각을 자극하는 놀이를 통해 자극에 주의를 집중하는 능력을 발달시킬 수 있습니다.

표현력의 발달

영유아들은 언어적인 표현력이 충분히 발달하지 못한 상황에서 그림이나 춤, 노래 등으로 자신이 표현하고 싶은 것을 나타낼 수 있습니다. 색연필이나 크레파스를 이용하여 도화지에 끼적거리며 자신의 감정이나 느낌을 표현하며 만족감을 느끼고 즐거워하지요. 또한 색종이나 찰흙, 물감 등을 활용하여 만들고 색칠하는 활동을 통해 표현력을 발달시켜 나갑니다. 미술활동뿐만 아니라 두드리고, 냄새 맡고, 듣는 등의 감각경험을 통해서 상상력을 키워나가며 풍부한 표현력을 발달시켜 나갈 수 있는 것이지요.

관찰력의 발달

다양한 감각자극들을 통해 영유아는 관찰력을 발달시켜 나갈 수 있습니다. 유심히 보고, 만지며 재질을 느끼고, 두드려보며 각기 달리 나는 소리를 듣고, 냄새 맡아보며 사물의 특징을 유심히 분석하게 됩니다. 그 경험을 축적해 나감으로써 자신을 둘러싼 환경과 사물에 대한 관찰력을 키워나갈 수가 있는 것이지요.

정서의 발달

감각자극 놀이를 통해 정서를 발달시킬 수 있는데, 특히 다른 사람과의 신체 접촉을 통해 영유아는 신체에 대한 감각을 기를 수 있으며 손을 잡고, 볼을 맞대고, 안고, 어깨동무를 하는 등의 스킨십을 통해서 안정감을 얻고 정서를 발달시켜 나갈 수 있게 됩니다.

창의력의 발달

오감을 통한 다양한 감각경험을 할 수 있도록 지도하는 것은 호기심을 불러일으키고 자유로운 표현을 할 수 있도록 도우며 두뇌발달과 창의력을 높일 수 있는 효과적인 교육방법입니다. 대상을 보고, 듣고, 냄새 맡고, 만지고, 맛보는 감각자극 놀이를 통해 상상력을 길러나갈 수 있으며, 풍부한 사고활동을 통해 영유아의 창의력을 발달시켜 나갈 수 있게 되지요.

종합적인 학습능력의 발달

감각을 자극하는 놀이는 두뇌를 골고루 발달시키고 두뇌 세포들의 연결을 조밀하게 만들어줍니다. 또한, 정서를 담당하는 두뇌의 핵심 영역인 편도체와 기억을 담당하는 해마는 그 위치가 매우 인접해 있기 때문에 감각자극을 통한 즐거운 정서적 경험은 기억을 오래 지속하는 데 매우 효과적이지요. 따라서 감각을 자극하는 놀이는 주의집중, 표현력, 관찰력, 정서, 창의력을 발달시켜 결과적으로 종합적인 학습능력을 발달시켜 나갈 수 있도록 돕습니다.

자, 그렇다면 이렇듯 교육적 효과가 큰 감각자극 활동을 운동기능과 의사소통 기능이 더 발달된 우리 3-5세의 유아들과 좀 더 체계적으로 할 수 있는 방법에는 어떤 것이 있을까요? 최근에는 감각을 자극하는 것으로 그치지 않고 '감각지도'를 만드는 활동으로 감각자극 교육이 이어지도록 제안되는 추세입니다.

자녀의 감각을 자극하고 다음과 같은 감각지도 만들기 놀이를 함께 하도록 해봅시다.

인지놀이 3) 감각지도 만들기

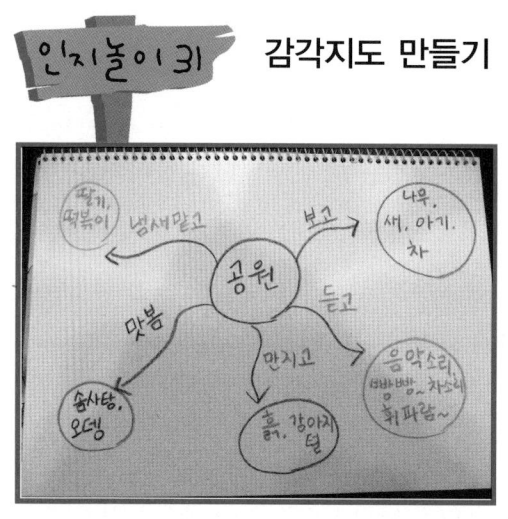

준비물_ 스케치북 등 종이류, 크레용이나 색연필 등 각종 필기도구류
효과_ 표현력 발달, 집중력 발달, 기억력 발달, 감각연상을 통한 두뇌자극

아이와 함께 집 앞 공원에 산책을 다녀왔다고 가정해봅시다. 공원에서 경험했던 여러 감각들을 떠올리며 다음과 같이 자녀와 함께 감각지도를 만들어 나가는 것이지요.

나무, 꽃, 새, 사람 등 시각을 자극했던 것은 무엇이 있었는지 생각해보고 관련된 대상을 그립니다. 이번엔 새소리, 바람 소리, 사람들의 말소리 같은 청각을 자극했던 대상, 떡볶이 냄새, 풀 냄새, 화장품 냄새 등 후각을 자극했던 대상을 떠올려보도록 합니다. 이런 식으로 시각, 청각, 후각, 촉각, 미각을 자극했던 대상을 떠올리며 감각지도를 그려보도록 하는 것이지요.

엄마, 아빠와 함께 감각지도를 만들어가는 활동은 정서발달에도 도움이 되고 표현력, 상상력, 기억력, 집중력을 발달시켜 나갈 수 있는 효과도 있습니다.

TIP 학습=언어적인 교육?

일반적으로 부모들은 교육, 학습이라고 하면 대개 언어적인 교육을 생각하는 경향이 있습니다. 아이에게 여러 사물을 익히게 하고 언어 개념을 습득하는 방법으로 낱말카드를 보여주며 열심히 따라 읽게 하거나 일방적인 설명을 통해 아이에게 지식을 불어넣으려고 하는 모습을 흔히 볼 수 있지요. 아이가 원치 않는 책을 수십 권 읽어주고 비디오를 보여주며 지적인 자극을 주려고 애쓰기도 하는데 이러한 방법은 아이의 거부감만 키우는 역효과를 가져올 수 있습니다.

따라서 아이에게 '나무'에 대해서 가르치려면 나무 그림이 그려져 있는 그림카드를 보여주며 설명하는 것보다 실제로 나무를 보여주며 만져보고, 두드려보고, 냄새 맡아보는 등 감각을 자극하는 방법이 좋습니다. 대부분의 부모들은 아이가 나무를 향해 달려가서 만져보고, 두드려보고, 흙을 집으려 하면 기겁을 하며 아이를 말리는데, 결국 부모의 이런 행동은 아이의 학습동기를 좌절시키는 결과를 가져오는 것이지요. 위험한 물건이 아니라면 아이가 적극적으로 만지고, 두드리고, 냄새 맡고, 혀를 대보는 흥미로운 학습활동을 방해하지 말도록 해야겠습니다.

활발한 움직임을 통해 학습  능력을 키우는 시기: 3세-5세

쇼핑하듯 골라시키는 조기교육은 독이다

직장맘인 나는 주변의 엄마들을 보면 불안한 마음이 엄습한다. 직장을 다니지 않는 엄마들은 아이를 데리고 이곳저곳을 다니면서 두뇌발달에 좋다는 활동에 참여하려고 열심인데 우리 지수는 직장생활을 하는 나 때문에 상대적으로 환경적인 자극을 적게 받는 것 같아 정말 속상하다. 두뇌발달은 어린 시절에 폭발적으로 일어난다고 들었는데 우리 지수도 조기교육 대열에 참여해야 하지 않을까 불안하기만 하다.

-여의도동 지수 엄마의 일기-

　　　　　일반적으로 두뇌가 폭발적으로 발달하는 시기는 생후 10세, 특히 만 3세까지라고 합니다. 환경적으로 경험하는 것들이 풍부하면 두뇌가 더 잘 발달하기도 하고 환경적인 자극이 충분하지 못하면 그렇지 않기도 하는 것이지요.

그래서 우리 부모들은 아이들에게 풍부한 환경적 자극을 주고자 두뇌발달에 도움이 된다는 여러 가지 프로그램에 참여하기 위해 열심히 발품을 팝니다. 물론, 반드시 전문기관에 가야만 아이들에게 환경적인 자극을 풍부하게 줄 수 있는 것은 아니지만 정보가 부족한 만큼 잘 짜여 있는 프로그램에 참여하는 것도 아이에게 도움이 많이 되겠지요.

그런데 여기서 명심할 것은 백화점 쇼핑하듯 교육 프로그램을 이것저것 과하게 골라서는 안 된다는 것입니다. 아이를 데리고 하루 종일 이곳저곳 교육 프로그램에 참여하러 다니는 것은 오히려 아이에게 부담을 주고 스트레스를 받게 하여 두뇌발달에 독이 되기도 하는 것이지요.

특히 최근에는 영어 조기교육 열풍이 혀를 내두를 정도인데요, 어린 시절에 영어를 배우면 원어민에 가까울 정도로 발음이 좋다는 것에 우리 부모들은 흐뭇해하곤 합니다. 물론 영어에 흥미를 느끼고 언어적인 발달이 빠른 아이들에게는 영어를 일찍 접하게 하는 것이 도움이 되겠지만, 아직 언어를 담당하는 두뇌가 발달하지 않은 아이들에게 이해하기 어려운 영어를 공부하도록 강요하는 것은 아이가 공부에 대한 혐오감을 키워나가도록 환경을 만들어 주는 셈이 되는 것이지요.

언어는 의사소통이 가장 중요한 기능인데 언어에 대한 개념적 이해도 되지 않은 상태에서 앵무새처럼 영어를 읽고 말하는 것은 아무런 의미가 없는 것입니다. 일반적으로 언어적인 두뇌 영역이 발달하는 6-7세 무렵에 언어교육의 비중을 늘려도 충분하다는 것을 잊지 말고 부모의 욕심 때문에 아이가 스트레스를 받고 시무룩해지지 않도록 해야겠습니다.

두뇌발달은 폭발적으로 일어나는 시기가 있긴 하지만 그 시기에만 국한되는 것이 아니라 평생에 걸쳐 두뇌발달이 일어난다는 것을 기억한다면 유아기에 지나친 조기교육 유혹에서 벗어날 수 있을 것입니다.

엄마, 아빠가 읽어주는 책을 보며 흉내 내려고 애쓰고 즐거운 음악에 맞춰 어설프지만 신나게 춤추고 노래하는 활동을 통해 아이의 두뇌발달은 효과적으로 촉진된다는 것을 잊지 맙시다. 생활 속에서 자녀가 자연스럽게 필요한 것들을 배워나가고 엄마, 아빠와의 친밀감을 통해 정서를 발달시켜 나가면서 표현력을 발달시켜야만 도전을 두려워하지 않고 외국어 공부도 적극적으로 해나갈 수 있는 것이지요.

인지놀이 32 광고 전단지 보며 이야기하기

준비물_ 각종 컬러 광고 전단지
효과_ 표현력 발달, 집중력 발달, 기억력 발달

우리는 각종 광고물들의 홍수 속에서 살아가고 있습니다. 현관문 앞에 걸려 있는 광고 전단지들을 보며 번거로워하며 모아놨다가 버리곤 하는데요, 그 알록달록한 광고 전단지들을 잘 활용하면 매우 경제적으로 자녀교육에 적

용할 수 있는 훌륭한 교재로 뒤바뀌게 됩니다.

만약 음식물 광고 전단지라면 각종 음식물들을 보며 "이건 어떤 음식이었지?", "이건 무슨 맛이 나는 걸까?", "우리가 이렇게 생긴 걸 먹어본 적이 있었을까?" 하며 알록달록한 광고 전단지를 통해 아이의 흥미를 유발하며 표현력을 발달시킬 수 있도록 하는 것이지요. 손으로 하나하나 그림을 짚어가며 집중하고 기억을 더듬으며 생각을 해내는 활동을 통해 기억력과 집중력을 발달시켜 나갈 수도 있습니다.

자동차 광고 전단지를 본다면, 바퀴를 가리키며 "이건 뭐였지?", "그래, 바퀴야. 바퀴는 어떻게 움직이는 거였더라?", "그래, 바퀴는 굴러가는 거였지!" 하며 아이와 이런저런 이야기를 나눠보도록 합시다.

자, 광고 전단지를 잘 활용하면 무궁무진한 학습교재가 되겠지요?

TIP 뇌의 발달 가소성?

뇌의 발달 가소성이란 뇌가 발달해가는 과정에서 뇌의 구조가 변화할 수 있는 가능성을 말합니다. 즉, 뇌 손상으로 인해 기능장애가 발생한 경우 뇌의 발달 가소성에 의해서 주변의 다른 뇌 영역이 그 기능을 대신하게 되어 다시 기능이 회복되거나, 특정한 기능을 반복적으로 사용함으로써 그 기능과 관련된 뇌 영역이 더 발달하게 되는 것이지요. 시각 장애인의 경우 일반인보다 청각 정보 처리능력이 더 뛰어난 것을 생각해보면 뇌의 발달 가소성에 대한 이해가 쉽습니다.

아이가 마음껏 바늘을 조작할 수 있는 장난감 시계나 고장 난 시계를 활용하여 시곗바늘을 돌려가며 하루 중 일정하게 하는 활동에 대한 시간에 바늘을 멈추고 어떤 활동을 하는 시간인지 엄마, 아빠와 함께 대화를 나누며 시간 개념을 발달시켜 나가도록 합니다.

기초 학습능력을 키우는 시기:
6세-7세

유아기 때부터 조금씩 시간관리 하는 법을 연습해야만 학교에 입학해서 시간관리를 잘할 수 있게 되는 것이지요. 일상생활과 관련해서 어린 시절부터 습관을 잘 들여야 한다고 강조하면서도 6-7년 동안을 시간관리에 대해 연습하지 않는다는 것은 참으로 모순된 일입니다.

기초 학습능력을  키우는 시기: 6세-7세

유아도 시간관리는 가능하다

우리 승민이는 아침 7시 40분쯤 일어나서 TV를 보고 8시 20분쯤 별로 좋아하지 않는 프로그램이 시작할 때 끄고는 20분 안에 준비해서 미술학원으로 가야 한다. 오늘 아침엔 일어나지 않는 승민이를 억지로 깨우고 보니 8시 15분쯤 되었다. 바로 밥을 먹고 준비해야 될 시간이다. 그런데 승민이는 "난 텔레비전을 하나도 안 봤는데 왜 벌써 밥을 먹느냐"는 것이다. 그래서 "오늘은 네가 늦게 일어나서 TV를 볼 시간이 없겠다. 어서 밥 먹고 씻고 가자" 하고 차근차근 설명해주었다. 아이는 "왜 못 보는데. 오늘 하나도 못 봤는데"라며 엉엉 울어댔다. 승민이의 머릿속엔 '일어나고, TV보고, 밥 먹고, 씻고, 옷 입고 나가기'가 일련의 정해진 순서였던 것이다. 이제 6살인 우리 승민이에게 어떻게 하면 시간 개념을 잘 심어줄 수 있을까?

-일산동 승민 엄마의 일기-

시간 개념이 발달하려면 원인과 결과에 대한 인과 개념에 대한 이해와 기억력 발달이 잘 이뤄져야 합니다. 일반적으로 4세 유아들은 시간 개념을 발달시켜 나가다가 6세가 되면 학습에 의해서 시간 개념을 더 잘 이해하게 되고 8세 무렵이 되면 완전히 시간 개념을 이해할 수 있게 됩니다. 그런데 시간 개념의 발달은 유아의 인지발달에만 영향을 받는 것이 아니라 부모의 양육태도와도 밀접한 관련이 있는 것으로 나타나고 있습니다. "유아들도 시간관리가 가능할까요?"라고 물으면 대부분의 부모들이 고개를 젓습니다.

　왜 이렇게 많은 부모들이 유아의 시간관리에 대해서 고개를 젓는 것일까요? 그것은 유아의 시간관리를 초중고생 때 하는 시간관리와 같은 맥락에서 부모가 이해하기 때문입니다. 초중고생 때 하는 하루 일과에 대한 완전한 시간관리를 생각하기 때문에 유아기의 시간관리 지도는 엄두도 나지 않는 것이지요.

　유아기 때는 시간관리에 대해서 거의 연습을 하지 않고 6-7년 정도를 보내다가 초등학교에 입학해서 갑자기 시간관리를 강요받기 시작하니 우리 어린이들은 어리둥절할 수밖에 없습니다. 유아기 때부터 조금씩 시간관리 하는 법을 연습해야만 학교에 입학해서 시간관리를 잘할 수 있게 되는 것이지요. 일상생활과 관련해서 어린 시절부터 습관을 잘 들여야 한다고 강조하면서도 6-7년 동안을 시간관리에 대해 연습하지 않는다는 것은 참으로 모순된 일입니다.

　유아기 때의 시간관리는 하루 24시간을 모두 통제하는 것이 아니라 생활의 일부를 관리하는 것으로부터 시작할 수 있습니다. 유아가 매일 일상생활에서 반복하는 행동들과 관련하여 시간관리를 시작하는 것이지요.

　예를 들어, 자녀가 저녁식사를 하는 시간이 7시라면, 시계를 보며 '7'자에 짧은 바늘이 가 있으면 "7시다, 7시~~", "저녁밥 먹을 시간이네!" 하며 아이에게 '7시에는 저녁식사를 한다'라는 것을 인식시키는 방법으로 시간에 대한 개념을 발달시키고 하루 일과 중 일부의 스케줄을 관리하게 하는 것이지요. 그 시간에 대한 인식이 잘 자리 잡으면 다른 시간을 또 관리하는 것이지요.

그림 그리기 공부를 하는 시간이 오후 5시라면 "5시다, 5시", "우리 뭐 하는 시간이지?" 하며 또 하나의 스케줄을 관리하고 이런 식으로 스케줄 관리하는 시간을 하나하나씩 늘려가는 것입니다. 이렇게 조금씩 시간관리를 하다가 궁극적으로는 하루 24시간에 대한 스케줄 관리를 할 수 있게 되는 것이지요.

자, 이제 유아도 시간관리가 가능하다는 것을 이해할 수 있겠지요?

인지놀이 33 시계놀이

준비물_ 장난감 시계
효과_ 시간 개념 발달, 점진적인 시간관리 능력 발달, 숫자인식 능력 발달, 기억력 발달

아이가 마음껏 바늘을 조작할 수 있는 장난감 시계나 고장 난 시계를 활용하여 시곗바늘을 돌려가며 하루 중 일정하게 하는 활동에 대한 시간에 바늘을 멈추고 어떤 활동을 하는 시간인지 엄마, 아빠와 함께 대화를 나누며 시간 개념을 발달시켜 나가도록 합니다.

유아가 시계를 보는 방법을 모를지라도 숫자를 기억할 수는 있습니다. "12, 12, 열두 시네!", "12시는 뭘 하는 시간일까?", "그렇지! 점심밥을 먹는 시간이구나!", "9, 9, 아홉 시네!", "밤 9시는 뭘 하는 시간이지?", "그렇지! 꿈나라에 가는 시간이구나!" 이렇게 엄마, 아빠와 시계놀이를 하면 일상생활에서 일어나는 일들에 대해 떠올리며 기억력과 시간 개념을 발달시키면서 시간관리에 대해 조금씩 배워갈 수 있는 것이지요.

시간관리를 위해 필요한 개념들

① **어제, 오늘, 내일**: 어제, 오늘, 내일에 대한 이해는 3세 이전에 이뤄집니다.
② **오전, 오후**: 오전, 오후에 대한 이해는 4세 이전에 이뤄집니다.
③ **요일**: 요일에 대한 이해는 5세경에 이뤄집니다.
④ **계절, 시계의 시간, 달**: 계절, 시계의 시간, 달에 대한 이해는 7세경에 이뤄집니다.

기초 학습능력을  키우는 시기: 6세-7세

낱말공부는 이렇게 지도하자

우리나라 말이 참으로 아이들에게 어렵다는 생각을 했다. 오늘 승민이의 말 속에서도 그런 부분을 찾을 수 있었다. "그거 별로 맛있어", "승민아, '별로 맛없어'가 맞는 것 같아, '별로 맛있어'가 맞는 것 같아?" 곰곰이 생각하더니 "별로 맛없어"라고 말하였다. "그래, '별로'라는 말은 맛없어, 안 좋아, 이런 것처럼 뒤에 '아니다'라는 뜻이 올 때 쓰는 거야" 하고 말했다. 어려워서 이해 못 하겠지만 그냥 말 나온 김에 설명해주는 것도 괜찮겠다 싶었다. 그런데 소현이가 나서서 "엄마, 그거 4학년 때 나와" 하고 말하는 것이 아닌가. 옆에서 들어보니 동생이 알아듣기에 어려운 설명이라고 생각한 모양이다. 우리 아이 낱말공부를 효과적으로 지도하려면 어떻게 해야 할까?

-일산동 승민 엄마의 일기-

아이가 조금씩 한글을 읽고 쓸 수 있게 될 무렵, 우리 부모들은 학습적인 욕심이 더욱 커지게 되지요. 아직 소근육의 발달이 미숙해서 쓰기가 힘든 우리 유아들에게 쓰기학습을 강요하는 모습을 흔히 볼 수 있습니다. 그래서 아이가 낱말공부를 하며 쓰는 것에 대해 강한 거부감을 보이는데 과연 계속 쓰도록 해야 하는지 말아야 할지에 대해서 궁금해하는 엄마, 아빠들이 많이 있습니다.

언어발달은 '듣기, 말하기, 읽기, 쓰기'의 순서로 이뤄진다는 것을 우리는 잘 알고 있습니다. 이제 한창 어휘력을 확장시켜 나가려고 하는 우리 유아들에게 듣고 말하며 대화하는 것부터 시작해서 낱말공부를 하도록 해야지 배운 낱말들을 억지로 읽고 써보도록 강요하는 것은 아이의 학습동기를 떨어뜨리는 매우 부정적인 결과를 낳는 것이지요.

엄마, 아빠가 배운 낱말을 억지로 읽고 써보도록 강요해서 공부에 대한 거부감과 혐오감을 느끼게 된 아이들이 참으로 많습니다. 혐오감이라는 것은 한번 자리 잡으면 여간해서는 사라지지 않는 것이니 공부에 대한 혐오감이 생겼다는 것은 아이들의 학습에는 치명적인 것이지요.

학습은 '반복된 경험에서 이뤄지는 것'이기 때문에 어떤 경험을 하느냐에 따라 아이들의 학습의 질이 달라지게 됩니다. 하기 싫어서 억지로 하게 되면 집중하지 않고 대충대충하는 것을 반복적으로 경험하는 셈이기 때문에 엉뚱한 것을 학습하고 있는 것입니다.

유아들이 공부에 흥미를 잃지 않고 생활 속에서 어휘력을 확장시켜 나가려면 무엇보다 '재미'가 있어야 합니다. 즐겁고 재밌으면 우리 두뇌에서 '도파민'이라는 물질이 분비되는데요, 이 도파민이라는 물질은 '즐거움'과 '집중'에 관여하는 물질이기 때문에 즐거우면 도파민이 분비되고 도파민이 분비되니 더 집중이 잘 되는 상태가 되는 것이지요.

그렇기 때문에 아이들 공부에 있어서 '즐거움'은 핵심이 되는 것입니다. 말놀이와 같은 재밌는 활동을 통해서 유아들이 언어 자체에 흥미를 가질 수 있도록 지도해야겠습니다. 주변에 있는 사물들의 이름부터 시작하여 일상생활에서 자주 사용하는 말을 활용하여 이야기하고, 아이가 배운 낱말들을 엄마, 아빠가 자주 사용하여 자연스럽게 아이에게 기억되도록 하는 것이 효과적입니다.

'별로'라는 말을 배웠다면 일상생활에서 엄마, 아빠가 그 말이 들어가는 표현을 자주 해주도록 합시다. "별로 배가 안 고프네", "별로 안 졸리네", "맛이 별로 없니?" 등등으로 말이지요.

'반복적으로' '즐겁게' 이뤄질 때 학습은 가장 효과적이라는 것을 잊지 말도록 합시다!

인지놀이 34 키보드 놀이

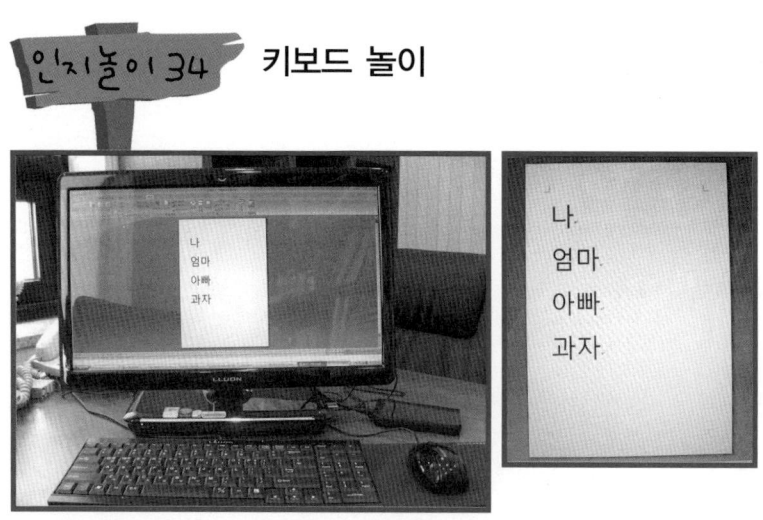

준비물_ 컴퓨터
효과_ 효과적인 낱말공부, 집중력 발달

소근육의 발달이 아직 미숙한 우리 유아들은 연필을 잡는 것이 여간 어려운 일이 아닙니다. 이때 아이들이 즐겁게 배운 낱말들을 써보도록 하는 효과적인 놀이가 바로 '키보드를 활용한 글자쓰기'입니다.

컴퓨터를 활용하여 키보드를 두드리며 배운 글자를 써보도록 하는 것은 어른이 해도 매우 즐거운 활동입니다. 글자 크기를 아이에게 알맞게 지정한 다음, 키보드를 활용하여 글씨를 쓰는 놀이를 하면 자음, 모음의 습득과 조음 능력을 키우는 데에도 효과적입니다.

엄마, 아빠와 함께 서로 키보드 버튼 하나씩을 번갈아 누르면서 글자를 만들어 봅시다. 유아가 낱말학습에 재미를 쏙쏙 붙여갈 것입니다.

조음장애란?

조음이란 모음과 자음을 만드는 것을 말합니다. 그런데 조음에 문제가 생겨서 발음이 제대로 되지 않게 되면 '조음장애'가 생겨나게 됩니다. 조음장애는 다른 언어장애가 없이 조음 자체에만 문제가 있어서 발생하기도 하지만, 대부분은 언어발달지체, 언어장애, 실어증과 같은 장애가 동반되어 나타나는 특징이 있습니다.

유아들이 'ㅈ, ㅊ, ㅅ'과 같은 발음을 어려워해서 부정확한 발음을 보이는 것과 같은 일반적인 발달단계상의 어려움이 아니라 눈에 띄게 발음이 부정확하다면 객관적인 언어평가를 받아볼 것을 권합니다. 언어와 관련된 어려움은 조기에 발견해야 치료의 효과도 크다는 것을 명심하고 자녀에게 언어적인 어려움이 보인다면 적극적으로 대처해 나가야 하겠습니다.

기초 학습능력을  키우는 시기: 6세-7세

스티커 제도는 아이에게 바람직한 습관을 형성시킨다

아이들이 스티커 한 개에 목숨 걸듯이 나 또한 피자 가게, 치킨 가게에서 주는 쿠폰을 하나도 빼놓지 않고 잘 챙긴다. 우리 승민이도 태권도장에서 나눠주는 쿠폰을 열심히 모은다. 그 쿠폰을 모아 연말에 있는 달러 마켓에서 사고 싶은 물건을 살 수 있지만 연말까지라는 시간은 아이들에게 참 긴 시간이다. 그런데 승민이가 잘 기다릴 수 있는 것은 그 쿠폰을 한 달에 한 번씩 가져가 통장에 적립을 해온다는 것이다. 그렇게 되니 쿠폰을 잃어버릴 걱정도 없고, 쌓여가는 포인트를 보면서 태권도장에 열심히 나가는 것이다. 스티커를 우리 아이 교육에 잘 활용하려면 어떻게 행동 규칙을 정하는 것이 좋을까?

-일산동 승민 엄마의 일기-

요즈음 부모들이 열심히 자녀에게 적용해보는 스티커 제도는 매우 과학적인 행동수정의 원리를 바탕으로 만들어진 것입니다. 어떤 엄마, 아빠들은 어른들의 시각에서, 혹은 그저 추측으로 스티커 제도를 유치하게 생각하거나 번거롭게 여겨 아예 시도를 하지 않거나 한두 번 해보다가 그만두기도 합니다.

스티커 제도는 바람직한 행동을 하려는 아이들의 동기를 강화시키는 데 매우 효과적인데요, 동기라는 것은 '외적 동기'와 '내적 동기'로 크게 나눌 수가 있지요. 외적 동기란 어떤 행동을 하는 동기가 칭찬, 용돈, 선물 같은 외적인 보상을 위한 것에 있는 것입니다. 내적 동기란 만족, 기쁨, 성취감 등 어떤 행동을 하는 동기가 자신의 내부에 있는 것이지요.

스티커 제도를 적용하면 아이들이 초기에는 그 스티커를 받아서 열심히 모아 어떤 칭찬선물을 받고 싶어서 엄마, 아빠와 정한 규칙을 지키려고 노력하지만, 시간이 지나면서 바람직한 행동을 반복적으로 하며 만족감, 성취감을 느끼면서 규칙을 지키는 동기가 점차 외적인 동기에서 내적인 동기로 옮아가게 되는 것이지요.

그런데 스티커 제도를 자녀에게 열심히 적용해보려고 노력하는 엄마, 아빠들도 중도에 포기하는 경우가 많이 있습니다. 아이들의 바람직한 습관 형성을 위해 효과적인 스티커 제도를 포기하는 부모들의 모습을 보면 참으로 안타까운 마음이 듭니다. 왜 이렇게 스티커 제도는 실패하는 경우가 많은 것일까요?

스티커 제도에 실패하는 주된 이유는 다음과 같습니다.

명확하지 않은 규칙

아이와 함께 '연필 바르게 잡기'라는 규칙을 정했다고 가정해봅시다. 연필을 바르게 잡는 것은 어떤 것인지에 대한 기준이 아이의 입장에서 명확하지 않기 때문에 부모와 아이 사이에 실랑이가 벌어질 수 있습니다. 부모의 입장에서는 연필을 바르게 잡은 것이 아닌데도 아이 입장에서는 연필을 바르게 잡았다고 우길 수가 있는 것이지요. 그렇다고 아이에게 연필의 끝이 몇 도의 각도로 나를 향해 기울어야 된다는 식의 복잡한 개념을 이해시키기도 어렵습니다.

이럴 때는 아이의 연필 잡는 자세를 통제할 수 있는 '핵심'적인 부분이 무엇인가를 잘 관찰하고 그것을 규칙으로 세우는 것이 효과적입니다. 만약 아이가 엄지손가락을 뻗어서 연필을 잡는다면 '엄지손가락 구부리기'와 같은 규칙을 세우는 것이지요. 규칙은 실랑이가 벌어지지 않도록 그 기준이 명확한 것이어야 합니다.

성의 없이 스티커 주기

아이가 엄마, 아빠와 규칙을 정한 후 노력해서 규칙을 지키고 스티커를 달라고 기쁜 마음으로 달려오는데, 엄마, 아빠가 전폭적인 칭찬과 격려 없이 '어차피 자기가 할 일인데' 하며 성의 없이 스티커를 준다면 규칙을 지키려는 아이의 동기는 꺾이게 됩니다. 스티커는 반드시 칭찬과 짝을 지어야 나중에는 스티커 없이 칭찬만으로도 아이가 바람직한 행동을 할 수 있도록 지도할 수 있는 것입니다. 아이의 마음속에 '스티커-칭찬-좋은 것'이라는 것이 자리 잡고 '칭찬-좋은 것'으로 연결되는 것이지요.

부실체크

매일매일 지켜야 하는 규칙을 정하고 스티커 제도를 적용할 때에는 아이가 규칙을 잘 지키고 있는지를 꼬박꼬박 확인하고 스티커를 주어야 합니다.

엄마, 아빠가 바쁘다는 핑계로 며칠에 한 번씩 확인하고 스티커를 준다든가 하면 아이가 규칙을 지켰다가 안 지켰다 하는 행동을 강화시킬 수 있는 것이지요.

스티커 남발

아이가 규칙을 지키는 행동을 격려하고자 규칙을 지키지 않았는데도 스티커를 마구 남발하게 되면, 아이가 규칙을 지키지 않고도 스티커를 많이 받을 수 있기 때문에 규칙을 잘 지킬 필요가 없겠지요. 아이가 열심히 규칙을 지켰을 때 미리 정해놓은 개수대로 보너스 스티커를 주는 것이 효과적입니다.

보상 미리 주기

아이가 정해놓은 스티커 개수를 다 모으지 않았는데도 '어차피 이제 조금 있으면 다 모을 텐데' 하며 칭찬선물을 미리 준다면 아이가 끝까지 최선을 다하지 않을 수 있습니다. 규칙은 아이가 힘들어하는 것들로 이뤄지는 것이 대부분이니까요.

 **스티커 모으기**

준비물_ 규칙 판 & 스티커 판, 각종 스티커
효과_ 바람직한 행동 강화, 부모-자녀 갈등 완화

옷 제자리에 걸기, 매일 숫자 20까지 쓰기, 엄마, 아빠 하루에 한 번씩 안아주기 등 아이가 하길 원하는 규칙들을 아이와 함께 대화하며 정하도록 합니

다. 규칙을 정할 때는 너무 많은 항목을 정하지 말도록 주의해야 합니다. 규칙으로 정하는 것들은 아이가 힘들어하는 것들이 대부분이기 때문에 너무 많은 항목을 규칙으로 정하면 아이가 부담을 많이 느껴서 스티커 제도가 실패할 확률이 커집니다.

처음에는 한 가지 규칙부터 시작하다가 한 가지씩 항목을 추가하고 습관으로 잘 자리 잡은 것들은 항목에서 제외시켜 나가면서 규칙 수를 조절하는 것이 좋습니다. 지켜야 하는 규칙이 5개가 넘지 않도록 하는 것이 효과적입니다.

TIP 유아기 칭찬선물 받는 적절한 주기는?

유아기는 욕구충족이 '지연' 되는 것을 참지 못하는 시기입니다. 유아인 자녀가 스티커를 모으고 칭찬선물을 받는 기간까지 오래 걸린다면 인내하는 힘이 아직 부족한 우리 유아들은 스티커를 모으는 것에 흥미를 잃고 말 것입니다. 유아기 때는 매일매일 작은 선물을 받을 수 있도록 하다가 점차 선물을 받는 주기를 늘려가는 것이 좋은데요, 이때는 큰 선물을 받는 중간 중간에 작은 선물들을 받을 수 있도록 해야 합니다. 예를 들어, 아이가 한 달 만에 선물을 받을 수 있다고 하면 일주일마다 작은 선물을 받을 수 있도록 스티커 제도를 설계하는 것이지요.

기초 학습능력을 **36** 키우는 시기: 6세-7세

쓰기, 어떻게 지도해야 할까?

올해로 네 살이 된 우리 영서. 한글을 조금씩 배우고 있는데 읽기를 할 때는 곧잘 따라 하더니 쓰기를 하려고 하니까 심하게 거부하는 모습을 보여서 걱정이 된다. 으르고 달래고 해서 겨우겨우 앉혀 연필을 쥐어주면 이내 곧 울어버리니…… ㄱ, ㄴ, ㄷ 한글 자음만이라도 쓰도록 하고 싶은데……. 다른 아이들은 곧잘 쓰기도 하고 그러는 것 같은데 우리 아이만 이렇게 쓰는 걸 싫어하는 것 같다. 엄마랑 공부하는 게 싫은 걸까?

-이문동 영서 엄마의 일기-

자녀가 만 4-5세가 되면 어머니들은 쓰기에 관심을 보이기 시작합니다. 이때쯤이면 슬슬 쓰기 연습을 해야 할 것 같은 생각에 거부감을 보이는 아이를 억지로 끌어 앉혀서 연필을 쥐게 하고 ㄱ, ㄴ, ㄷ……을 쓰도록 하는 것이지요. 아이가 흥미를 보이며 잘 따라주면 괜찮은데 울며불며 쓰기 싫다고 발버둥을 치는 경우도 많이 있습니다. 이런 경우 어머니는 더 마음이 조급해지고 애가 탑니다. 우리 아이가 계속 이렇게 쓰는 걸 싫어하면 어쩌지, 학교 갈 때까지 빨리 한글 쓰는 걸 끝내야 할 텐데…….

언어발달은 듣기, 말하기, 읽기, 쓰기 순으로 발달하고 두뇌에서 언어를 담당하는 부위인 측두엽의 발달은 만 6세경부터 본격적으로 이뤄지지요. 그래서 집중적인 한글학습은 적어도 만 6세 이후에 시작하는 것이 뇌가 좋아하는 학습입니다.

특히, 쓰기와 같은 활동은 듣기, 말하기, 읽기가 어느 정도 익숙해진 상태에서 글자의 정보를 기억에 담고 있다가 쓰기로 옮겨갈 수 있는 것입니다. 또한 소근육이 잘 발달한 상태에서 연필을 손에 쥐고 쓰는 것이 자연스럽게 이뤄지므로 아직 연필 잡는 일이나 읽기가 서툰 상태에서 욕심을 내어 쓰기를 시도하는 것은 효과적이지 않습니다. 어느 정도 읽기가 익숙해진 상태에서, 그리고 무작정 연필부터 잡게 하고 보는 것이 아니라 신문지 찢기, 밀가루 반죽하기 등과 같은 즐거운 활동을 통해 소근육을 발달시켜 연필 잡을 준비를 충분히 할 수 있도록 지도하는 것이 훨씬 효과적입니다.

색연필이나 크레용으로 긁적긁적 거리다가 우연히 선을 긋게 되고 아무렇게나 그어졌던 선이 수평선이 되고, 수직선이 되고, 다음에 원을 그리게 되고 재미를 느끼게 됩니다. 자신이 조작하는 대로 뭔가가 쓰이는 것을 통해 성취감을 느끼게 되고 이제는 의도적으로 뭔가를 그리거나 쓰려고 시도하게 되지요.

글씨를 쓰게 되려면 글자 정보가 머릿속에 담겨 있어야 합니다. 언어를 담당하는 두뇌가 발달하기도 전에, 연필 쥐기도 힘든 시기에, 잘 읽을 수도 없어 소리와 글자를 연결시키기도 벅찬 시기에 쓰기를 억지로 시도하는 것은 자녀에게 엄청난 스트레스를 받도록 하는 일입니다. 쓰기를 본격적으로 시작하기도 전에 쓰는 것, 연필 잡는 것 자체에 대한 거부감부터 심어주어야 할까요? 만 6세 전에는 자녀가 잘 볼 수 있도록 어머니가 스케치북 같은 곳에 시범을 보여 쓰는 순서 등 쓰기 활동이 자연스럽게 익숙하게 될 정도면 충분합니다.

물론 여기서 주의할 것은, 본격적으로 쓰기 연습을 하는 시기를 만 6세에 무조건 맞추라는 이야기는 아닙니다. 자녀들마다 차이가 있기 때문에 만 6세 전에도 쓰는 것에 흥미를 보이고 재밌어 한다면 얼마든지 시도해도 되는 것이지요. 다만 자녀가 심한 거부감을 보인다면 아직 준비가 되지 않은 상태이기 때문에 쓰는 활동을 보류해야 하는 것입니다. 특별한 기능상의 어려움이 없다면, 읽기가 유창해지면 쓰기 자체는 읽기를 따라 유창해지게 되어 있습니다. 유아기에 쓰기 활동에 무리하게 욕심내지 말고 읽기를 더 열심히 할 수 있도록 지도해야겠습니다.

 **밀가루 음식 만들기**

준비물_ 밀가루, 각종 물감
효과_ 소근육 발달, 수 & 개념 발달, 정서발달

밀가루 반죽하기는 유아들이 즐기는 대표적인 놀이입니다. 자녀의 쓰기 능력을 발달시키기 위해서 흔히 연필을 잡고 종이 위에 무엇인가를 쓰는 연

습을 주로 하는데요, 쓰기를 잘 하려면 손의 소근육이 잘 발달해야 하기 때문에 무조건 연필을 잡고 글씨를 쓰는 연습을 하기보다는 영유아 때 손의 소근육을 발달시킬 수 있는 놀이를 열심히 할 수 있도록 놀이환경을 만들어주는 것이 좋습니다.

밀가루 반죽을 가지고 주무르고, 떼고, 만들고 하면서 감각을 자극하고 소근육을 발달시키며 수 개념과 양 개념을 배울 수도 있습니다. 오늘 아침 먹은 음식이나 사물을 엄마, 아빠와 함께 간단히 만들어보며 모양에 대한 지각도 발달시키고 성취감도 느낄 수 있는 교육적 효과도 있는 것이지요.

영유아기 쓰기 활동을 위한 워밍업

① 듣기를 잘 할 수 있도록 지도함
- 듣기를 잘 하지 않으면 집중력이 떨어져 산만해지고, 인내력도 떨어져 바른 자세로 쓰는 것에 어려움이 생깁니다.

② 말하기 활동에서 말하는 것을 어떻게 쓰는 것인지 조금씩 호기심을 자극함
- 자신이 말하는 것을 쓸 수 있게 되면 쓰기에서의 유창성이 확보됩니다.

③ 읽기에 익숙해질 수 있도록 지도함
- 꼭 책을 읽으며 연습할 필요는 없습니다. 거리나 집안 구석구석에 있는 글자들을 보며 자연스럽게 읽기에 익숙해질 수 있도록 하면 됩니다. 읽기를 강요해서도 안 되며, 읽기 초기에는 시범을 많이 보여주는 것으로 충분합니다.

④ 연필 잡기가 편해질 수 있도록 소근육 발달을 촉진시킴
- 신문지 찢기, 밀가루 반죽하기, 도미노, 구슬 꿰기와 같이 손을 사용하는 활동을 많이 하도록 합니다.

기초 학습능력을 **37** 키우는 시기: 6세-7세

협동을 통해 인성을 발달시켜 나가자

점심을 먹고 온 식구가 거실에 모여 블록 만들기를 하는데, 금세 난장판이 되었다. 찾는 블록이 안 보인다고 성화, 서로 자신이 만들 페이지를 펼치자고 성화. 만들다가 힘들어지니까 아예 승민이는 아빠가 만드는 것을 보고 있고, 아빠는 열심히 만들고 있는 풍경이 연출되었다. 그래서 다 같이 성을 만들자고 했다. 그리고 역할을 나누어 두 사람이 만들고, 두 사람은 필요한 블록 조각을 찾아오도록 했다. 그림을 보고 필요한 조각을 기억한 뒤 찾아와야 하는 것이었다. 꽤나 쉽지 않은 일이다. 처음에는 승민이도 잘 찾아오질 못했다. 그러다가 점차 모양을 기억했다가 쉽게 찾아오는 것이었다. 그러자 멋진 성이 금세 만들어졌다. 모두들 뿌듯해하였다. 블록도 만들고 아이들 기억력 훈련도 하고, 협동심도 기르고……. 오늘도 이만하면 훌륭한 하루!

-일산동 승민 엄마의 일기-

다양한 문화와 생각, 가치가 존재하는 것이 현대사회입니다. 나와 의견이 다른 사람들에게 귀를 기울이고 다양한 의견들을 모아 적절한 절충안을 만들며 서로 협력해 나갈 수 있는 능력이야 말로 21세기가 요구하는 덕목입니다. 따라서 유아교육에도 협동학습이 강조되고 있고 협동과 관련된 연구들이 더욱더 활발하게 이뤄지고 있는 것이지요.

자기중심성이 강한 유아들에게 협동이란 어려운 덕목처럼 느껴지지만 6-7세 무렵이 되면 우리 유아들은 친구들과 제법 잘 협동할 수 있게 됩니다. 유아기에는 가족 외에 다른 사람들과의 상호작용이 활발하게 이뤄지는 출발선에 있기 때문에 엄마, 아빠가 아이의 협동심을 발달시키기 위해 노력해야 합니다.

다른 사람과의 상호작용을 통해 협력하면서 문제해결을 해나가고 타인에 대한 긍정적인 관점을 가지게 되면서 인지적, 사회적, 정서적인 발달을 촉진시킬 수 있는 효과가 있습니다. 초등학교에 입학해서 수많은 친구들과 성공적으로 상호작용하는 즐거운 학교생활을 위해서 유아기 때부터 다른 사람과 협동하는 능력을 키우는 것은 무엇보다 중요한 것이지요. 친구들과의 원활한 상호작용에 실패하면 향후 학습에도 매우 부정적인 영향을 미친다는 것은 모두가 잘 알고 있는 사실입니다.

또한, 다른 사람과 협동하는 상호작용을 통해서 유아들은 의사소통 능력을 향상시킬 수 있습니다. 자신의 생각이나 의견을 다른 사람들에게 적절하게 이야기하는 표현력은 원만한 인간관계를 위해 필수적인 요소이지요.

그렇다면 자녀의 협동심을 발달시키기 위해서 부모는 어떤 양육태도를 지녀야 할까요? 다음의 덕목들을 살펴보도록 하겠습니다.

긍정적인 태도

엄마, 아빠가 갖는 긍정적인 태도는 자녀에게 전염되어 자녀가 매사에 긍정적인 마음으로 생활을 해나갈 수 있도록 돕습니다. 긍정적인 마음은 다른 사람을 바라보는 시각에도 영향을 미치기 때문에 협동이 필요한 상황에서 다른 사람에 대한 반감보다는 함께 목표를 이루고자 하는 태도를 가지게 되는 것이지요.

격려하고 인정하는 태도

엄마, 아빠가 아이가 다른 사람을 돕거나 협동하는 모습을 보일 때, 미숙하게 행동하더라도 적극적으로 격려하고 칭찬하며 자녀를 인정하는 모습을 보여야 합니다. 자녀가 다른 사람과 협동하는 활동에서 실수를 하거나 미숙하게 행동할 때 비난하거나 지적한다면 아이는 다른 사람과의 상호작용에 자신감을 잃게 되어 사회성 발달에 매우 부정적인 영향을 미치게 되는 것이지요.

자녀의 행동에 대한 세심한 관찰

자녀가 다른 사람과 상호작용을 할 때 어떤 모습을 보이는가 세심하게 관찰해 놓았다가 자녀의 특성에 따라 배워나가야 하는 부분들을 엄마, 아빠가 차근차근 가르쳐줘야 합니다. 이때, 역할놀이를 통해 협동심을 배워나간다면 더욱 효과적입니다.

 ## 엄마·아빠표 퍼즐

준비물_ 퍼즐
효과_ 집중력 발달, 과제인내력 향상, 사회성 발달

　온 가족이 모여서 열심히 끙끙대며 서로 조각을 찾아주고 퍼즐을 맞추는 모습을 상상해봅시다. 생각만 해도 흐뭇한 광경이지요. 자녀의 연령대에 맞는 조각 수의 퍼즐을 준비해서 함께 퍼즐 조각을 뒤집고 테두리를 골라내며 서로서로 도와주면, 협동심도 기를 수 있고 아이의 집중력도 발달시킬 수 있는 일석이조의 효과가 있습니다.
　시중에서 판매하는 퍼즐을 이용하는 것도 좋지만 달력이나 잡지, 과자봉지를 자유롭게 오려서 만든 엄마·아빠표 퍼즐을 활용하면 아이의 흥미를 더욱 높일 수가 있습니다. 종이만 있다면 무한대로 만들 수 있기 때문에 경제적으로도 큰 도움이 됩니다.

 **연령대별 퍼즐 조각 수는?**

3-4세: 10조각 내외

4-5세: 15조각 내외

5-6세: 15조각 이상

일반적으로 추천되는 퍼즐 조각 수는 위와 같지만, 조각 수가 적은 것부터 시작해서 아이의 반응을 살피며 아이가 퍼즐을 완성하는 모습에 따라 내 자녀의 특성에 맞게 조금씩 퍼즐 조각 수를 늘려가는 것이 좋습니다.

기초 학습능력을  키우는 시기: 6세-7세

유아기에는 왜 지는 것을 싫어할까?

요즘은 아이가 윷놀이를 너무나 좋아한다. 틈만 나면 윷놀이를 하자며 엄마, 아빠 팔을 끌어당긴다. 규칙도 마음대로 깨고 무조건 이기려고 애를 쓰는 모습을 보면 '어린 아이니까 그렇지……' 하다가도 한두 번도 아니고 매번 그러는 아이를 보면 부모인 나도 화가 치밀어 오를 때가 있다. 잠깐 자리를 비우면 윷놀이 판의 말들 위치를 바꿔놓고 내가 위치가 바뀌었다고 하면 아니라고 박박 우기는 아이를 보고 있자니 아이가 도덕적이지 못한 것 같고 걱정이 된다.

-서초동 정수 엄마의 일기-

누구나 다 지는 것을 싫어하지만 유아들은 특히 지는 것을 싫어하는 특성이 있지요. 유아기에는 자기중심적인 성향이 강하고 도덕성과 사회성 발달이 미숙하기 때문에 이기기 위해서 규칙을 어기고 거짓말도 하는 모습을 보입니다.

유아인 자녀가 규칙을 어기고 거짓말을 한다고 해서 아이의 모습을 두고 크게 걱정하거나 자녀를 비난하고 나무라는 것은, 사실 조금 과장되게 표현하자면 '허공에 대고 말하기'와 같은 것이지요. 그러므로 유아의 발달단계적 특성을 잘 이해하여 유아기에는 도덕성 발달이 한창 이뤄져 가는 출발선상에 있다는 것을 기억하고, 자녀가 차근차근 규칙을 배우고 그 규칙을 따르는 도덕성을 잘 발달시켜 나갈 수 있도록 지도해야 합니다.

그런데 만약 유아가 일반적으로 보이는 모습에서 벗어나 지나치게 지는 것을 싫어하는 모습을 보인다면 다음과 같은 사항들을 고려해야 합니다.

양육환경 점검해보기

일상생활에서 아이가 무엇인가를 성취했을 때만 집중적으로 칭찬하지는 않았는가를 점검해보아야 합니다. 아이가 실수를 하거나 어떤 것을 잘 못했을 때는 비난하거나 무관심하게 있다가 아이가 잘했을 때만 칭찬을 한다면 아이는 잘 못하거나 게임에서 지는 것에 대해 크게 좌절하고 받아들이지 못하게 되는 것이지요.

노력하는 과정을 지지하기

자녀를 지도할 때는 어떤 일의 결과보다 노력하는 과정에 적극적인 피드백을 주어야 합니다. 과정은 어찌됐든 결과에만 집중적으로 칭찬하거나 비난한다면 아이의 마음속에는 '모로 가도 서울만 가면 된다'라는 가치관이 자리 잡게 되는 것이지요.

양보의 미덕 가르치기

유아들은 모방을 통해서 학습을 해나가므로 부모가 양보의 미덕을 가르쳐야 합니다. 평소 자녀 앞에서 다른 사람과 물건을 나눠 쓰는 모습을 보이거나 게임에서 이기고 지는 경험을 자연스럽게 반복할 수 있도록 놀이환경을 만들어나가는 것이지요.

양보의 미덕을 모르고, 지는 것을 받아들이지 못하는 환경에 계속 노출된다면 자녀는 자신의 감정과 행동을 잘 조절하지 못하는 충동적인 사람으로 성장할 수 있다는 것을 명심해야겠습니다.

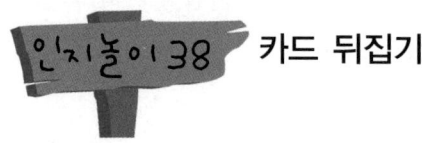 카드 뒤집기

준비물_ 같은 모양의 카드 쌍 한 벌
효과_ 집중력 발달, 과제인내력 향상, 충동조절, 기억력 발달

'카드 뒤집기'는 같은 모양의 카드 쌍 여러 개를 뒤집어서 3(가로)×4(세로), 4(가로)×5(세로)와 같은 형식으로 놓은 다음, 카드를 하나씩 뒤집어서 본 후 다시 덮고 다른 카드를 또 뒤집어서 다시 덮으며 같은 모양의 카드를 찾아내는 놀이입니다.

아깝게 기록을 깨지 못하면 기록을 깨고자 하는 동기를 강화시켜 다시 기록에 도전하도록 하는 놀이를 통해 실패를 받아들이고 충동조절을 하며 집중력을 발달시켜 나갈 수 있습니다. 아이들이 열광하는 학습도구 중의 하나인

초시계로 시간을 재면서 같은 카드를 모두 찾는 시간을 기록하고 다음번 시도에서 기록을 깰 수 있도록 격려하면 기억력 훈련에도 매우 효과적입니다.

> **아이들이 열광하는 '학습도구 삼총사'**
>
> 아이들은 버튼을 누를 때마다 삑삑 소리가 나는 '초시계', 감촉 좋은 버튼으로 만들어진 '계산기', 마이크가 달린 '녹음기'를 매우 좋아합니다. 열광적인 반응을 보인다고 할 수 있지요. 이 세 가지 학습도구를 적절히 활용하면 즐겁게 놀이와 공부를 해나갈 수 있습니다.
> 초시계를 활용하여 속도를 재며 집중하여 읽기와 쓰기 연습을 할 수 있고, 계산기를 활용한 반복적인 계산을 통해 암산능력을 키울 수가 있지요. 또한 마이크 달린 녹음기를 활용하여 읽기 연습을 효과적으로 할 수 있습니다.
> '학습도구 삼총사'를 잘 활용하여 아이들의 공부를 지도하면 읽기, 쓰기, 셈하기의 기초학습기능을 꾸준히 향상시켜 나갈 수가 있는 것이지요.

기초 학습능력을 **39** 키우는 시기: 6세-7세

엄마의 요리활동에
아이를 참여시키자

식사 준비를 할 때 종종 끼워주었더니 승민이가 요리하는 것을 너무 좋아하는 것 같다. 퇴근 후에 집으로 들어가 다들 좋아하는 '피자와 스파게티'를 만들어 먹자고 하였다. 빵칼로 햄 썰기는 쉬웠으나 야채를 잘게 자르는 것은 많이 어려워하였다. 그래도 엄마 접시를 힐끗 보며 작게 자르려고 노력을 한다. 승민이가 자른 굵직굵직한 야채들이 접시에 한가득 찼다. 뭐 익혀 먹는 건데 좀 크면 어떠랴. 면도 삶아놓고 준비된 소스를 그릇에 담는 동안 피자가 다 구워졌다. 함께 만든 요리를 먹을 준비를 하니 겅중겅중 뛰는 승민이. 너무도 맛있게 먹는 식구들. 싱크대, 가스레인지 어디 하나 흔적을 남기지 않은 곳은 없지만 그래도 아주 훌륭했다. 열심히 만든 승민이도, 그걸 시킨 나도!

-일산동 승민 엄마의 일기-

유아는 감각을 활용하여 사물을 조작하는 활동을 통해 가장 효과적으로 학습해 나갈 수 있다는 것을 우리는 모두 잘 알고 있습니다. 이것은 직접적인 경험을 통해서 유아들이 잘 학습해 나간다는 것을 의미하지요.

유아는 본인이 주도적으로 어떤 활동을 해나가면서 개념들을 배워나가고 생활에 필요한 기술들을 익혀나가는데, 유아들에게 모든 감각을 사용하도록 하는 가장 효과적인 방법 중의 하나가 바로 요리활동입니다.

그런데 환경적인 여건과 심리적인 부담감 때문에 유아들에게 요리활동에 참여할 기회를 많이 만들어주지 못하고 있는 것이 우리들의 현실입니다. 유치원에서는 환경적인 여건을 잘 갖추기가 어렵고, 가정에서는 아이들과 함께 하는 '요리'라는 것이 거창하고 번거롭게 느껴지는 것이지요.

아직 손기술 조작능력이 미숙한 우리 유아들에게 요리의 모든 과정에 참여하도록 하는 것은 오히려 아이들의 동기를 떨어뜨릴 수도 있기 때문에 엄마, 아빠의 요리활동 중간중간에 아이가 할 수 있는 일들을 도울 수 있도록 하는 것이 효과적입니다. 물론 간단한 요리활동은 아이가 처음부터 끝까지 참여할 수 있는 것이지요.

유아가 요리활동에 참여함으로써 협동심을 기르면서 사회성을 발달시키고, 정서적으로 엄마, 아빠와 더 친밀하게 되며, 자신이 참여하여 완성한 요리를 함께 먹으면서 뿌듯함과 성취감을 느끼게 되는데요, 이러한 과정을 통해서 유아가 근면함을 길러나가는 데에도 긍정적인 영향을 받게 됩니다.

요리활동을 통해서 얻는 또 다른 이점은, 사회성과 정서발달뿐만 아니라 생활에 필요한 개념들을 효과적으로 배워나갈 수 있다는 것이지요. 요리 재료들을 다루면서 측정, 화학, 색, 크기, 모양, 온도, 시간 등 생활에 필요한 수학적 & 과학적 다양한 개념들을 직접적으로 경험하면서 배울 수가 있는 것입니다.

아이들이 글을 읽을 수 있게 될 무렵에 요리에 필요한 요리법이 설명되어 있는 글을 엄마, 아빠와 함께 읽으면, 자녀의 읽기 활동을 비롯한 낱말공부를 즐겁게 하는 데에도 도움이 되는데요, 이는 필요에 의해 하게 되는 공부는 두 말할 나위 없이 최고의 효과를 낸다는 것을 보여주지요.

요리를 하면서 재료를 이동시키고 손으로 조작하면서 대소근육을 발달시킬 수 있고, 또한 엄마, 아빠와 함께 남아와 여아 구별 없이 요리활동에 참여하게 함으로써 성 역할에 대한 고정관념을 갖지 않도록 하는 효과도 있으니 요리라는 것은 유아들의 지도에 있어 참으로 효과적인 교육방법입니다.

 **요리규칙 역할놀이**

준비물_ 요리에 필요한 각종 도구와 요리 재료
효과_ 집중력 발달, 협동심 발달, 대소근육 발달, 효과적인 개념 습득

어떤 요리를 하든지 일반적으로 따르게 되는 순서들이 있습니다. 요리를 할 때 본인이 주도적으로 하기 위해서 중간중간 끼어드는 유아들에게 요리활동에 필요한 규칙들을 잘 설명해주고 실제로 그 규칙들을 지키는 역할놀이를 해보는 것은 실제 요리활동을 할 때 많은 도움이 됩니다. 다음과 같은 순서로 요리를 시작하기 전에 지켜야 하는 규칙들을 알려주고 연습해보는 요리규칙 역할놀이를 해보도록 합시다.

〈놀이 순서〉
① 손을 씻고 요리대를 깨끗하게 닦는다.

② 요리방법이 설명되어 있는 설명서를 엄마, 아빠와 함께 읽어본다.
③ 엄마, 아빠의 설명과 지시에 잘 따를 것을 약속한다(설거지 등 뒷정리에 대한 것 포함).
④ 요리할 음식의 재료들을 체크하고 준비하도록 한다.
⑤ 요리에 필요한 도구를 준비한다.
⑥ 요리를 다 마쳤다고 가정하고 "감사히 잘 먹겠습니다"라고 함께 외치는 것을 연습한다.

부모의 언어통제 유형

일상생활에서 자녀의 행동을 통제하는 방식인 언어통제 유형은 크게 다음의 세 가지로 나뉩니다.

① **명령지향**: 자녀의 입장을 생각하지 않고 명령적이고 지시적인 언어, 비난, 위협 등의 언어적인 방식을 사용하는 유형.
② **지위지향**: 규칙을 강조하며 자녀의 행동을 통제하는 유형.
③ **인성지향**: 다른 사람의 입장이나 감정 등을 고려하고 자녀가 스스로 행동의 결과를 생각하고 책임을 질 수 있도록 하는 유형.

우리는 어떤 언어통제 유형을 지닌 부모가 되도록 노력해야 할까요? 정답은 굳이 얘기하지 않아도 되겠지요?

기초 학습능력을  키우는 시기: 6세-7세

어린이를 어린이로 바라보자

아는 만큼 들린다. 시댁에서 저녁을 먹고 집으로 가던 중이었다. 남편과 시댁 식구들의 나이 이야기를 하다가 띠 이야기가 나왔다. "아버님이 말띠지? 그럼 어머니는 무슨 띠야?" 하고 신랑에게 물어보았다. 이 때 뒷좌석에 타고 있던 승민이가 갑자기 끼어들었다. "엄마, 난 하얀 띠지?" 그 순간 나와 신랑은 동시에 무슨 말인가 하고 쳐다보다 갑자기 웃음을 터뜨렸다. 여섯 살 난 승민이에게 '띠'라는 것은 태권도에서 심사받고 주는 하얀 띠, 노랑 띠, 초록 띠…… 그것이 전부였던 것이다. 역시 애는 애다.

-일산동 승민 엄마의 일기-

부모들에게 늘 우스갯소리이면서도 의미심장한 한 마디인 다음과 같은 얘기를 하곤 합니다. "'홍길동전'에 보면 이런 슬픈 대목이 나오지요. '아버지를 아버지라 부르지 못하고, 형을 형이라 부르지 못하니……' 혹시 우리 부모들이 어린이를 어린이로 보지 못하고 나와 동등한 사고작용을 할 수 있는 한 명의 인격체로 대하면서 갈등과 고민에 빠지게 되는 것은 아닐까요?"

이렇게 얘기를 꺼내면 많은 부모들이 크게 공감하는 반응을 보이지요. 어린이는 어린이로 바라보아야 하는데 우리들은 웬일인지 어린이를 자꾸만 어린이로 보지 못하니 참으로 반성을 많이 해야 할 일이지요.

언젠가 유치원에서 여섯 살 난 두 아이가 대화를 나누는 모습을 즐겁게 지켜본 적이 있습니다. 그 아이들은 '용돈'에 대해서 서로 이야기를 나누고 있었지요.

"야, 너 돈 많니?"

"나?? 음…… 나 집에 만 원짜리 한 개랑 천 원짜리 한 개 있다~ 나 돈 많지!!"

"우와, 세상에!!! 천만 원이나 있다는 거야??? 우와, 짱이다!!!"

이 아이들의 대화를 듣고 어찌나 즐겁고 재미있었는지 15년이 지난 지금도 그때 그 아이들의 표정과 목소리가 생생하게 기억납니다. 어린이들은 어른들이 생각할 수 없는 즐거운 세계에서 살고 있는 것이지요.

스스로 공부하는 아이, 이것은 모든 부모들이 바라는 희망사항이지요. 그런데 부모들은 '스스로 공부하는 아이'를 생각하며 지금 당장 스스로 자율적으로 공부하는 자녀의 모습을 기대하는 것 같습니다. 더 정확히 표현하자면, '스스로 공부하는 아이'라기보다는 '스스로 공부하는 힘을 길러가는 과정에 있는 아이'라는 표현이 더 정확할 것입니다.

이제 곧 '학교공부'라는 긴 항해를 떠나는 우리 6-7세의 유아들이 스스로 공부하는 힘을 잘 길러나갈 수 있도록 아이들의 발달단계적 특성을 잘 이해하며, 당장 벌어지고 있는 현상에 초점을 맞춰 생각하지 말고 목표점을 바라보며 자녀를 지도해 나가야 하겠습니다.

내 자녀가 어떤 모습을 가진 아이로 성장해 나가길 원하는지 그 모습에 대해 고민하고 교육목표를 잡아야 하는 것이지요. 이제 한창 세상을 배워나가고 필요한 덕목들을 갖춰 나가기 위한 출발선상에 서 있는 우리 어린이들이 왜 자율적으로 스스로 할 일을 하지 못하냐고 속상해하는 일은 없어야 하겠습니다.

언젠가 버스 안에서 한 부모가 "우리 아이는 정말 자율성이 부족한 것 같아. 스스로 하는 일이 하나도 없어. 일곱 살이나 됐는데 큰일 났어, 정말!" 하고 말하는 것을 들은 적이 있습니다. 그때 마음속으로 생각했지요.

'그 아이는 스스로 해야 할 일을 챙기지 않으면 지적을 많이 받겠구나······. 아이에게는 참 억울한 일이네······.'

어린이를 어른의 눈높이에 맞추지 말고 어른을 어린이의 눈높이에 맞춰야 한다는 것을 언제나 잊지 말아야 하겠습니다!

 **마트에서 장보기**

준비물_ 구입할 물건 목록
효과_ 공간지각과 집중력 발달, 감각자극, 대소근육 발달, 두뇌발달

사람 많고 복잡한 곳에서 필요한 것에 집중하는 연습을 함으로써 학교 등 집단생활에서 규칙을 잘 따르며 필요한 것에 집중하는 연습을 할 수가 있습니다. 구입해야 할 물건들을 찾으려면 시각적으로 집중해야 하고 엄마가 부르는 소리 등 청각적으로도 집중해야 하며, 목표 물건을 찾으면서 성취감도 느낄 수 있지요.

복잡한 마트를 다니면서 공간지각 능력도 키울 수 있도록 지도해봅시다.

> **TIP 집단생활에 적응하기**
>
> 6-7세에는 이전보다 집단생활을 더 많이 하게 되고 조금씩 학교에 입학하는 시간도 다가오게 됩니다. 사람들이 많은 산만한 장소에서 필요한 정보들에 집중할 수 있는 능력을 길러나가는 것은 집단생활 적응에 많은 도움이 되지요. 마트에서 장보기 등 일상생활에서 자연스럽게 필요한 정보에 집중하는 연습을 해나갈 수 있도록 해서 자녀가 집단생활에 적응하는 연습을 할 수 있도록 합시다.

기초 학습능력을  키우는 시기: 6세-7세

생활 속에서 수학 개념을 발달시켜 나가자

 큰 아이 조기교육에 난리법석을 떨던 것을 생각하면 지금은 참 많이 느긋해졌다. 승민이가 여섯 살인데 아직 한글도 못 떼고 제대로 수학공부 한번 안 시켰으니 말이다. 그런데 오늘 아침밥을 먹으면서 승민이가 물었다. "엄마, 내가 3살 때 누나는 몇 살이었어?", "누나가 승민이보다 두 살이 많으니까 누나는 다섯 살이었지", "그럼 내가 네 살 때 누나는 여섯 살이지?", "그렇지!" 하고 호응을 해주자, "내가 일곱 살 되면 누나는 아홉 살 되지?", "그렇지!" 너무 신기했다. 승민이가 덧셈, 뺄셈을 하고 있는 게 아닌가? 아마 우리 승민이 앞에 덧뺄셈 문제집을 놓고 공부를 시켰으면 벌써 도망갔을 것이다. 그래, 이게 승민이식 수학공부구나.

-일산동 승민 엄마의 일기-

아이들이 공부라는 것은 힘들고 지루한 것이라는 생각을 하게 되고, 공부에 대한 거부감과 심하면 혐오감까지 느끼게 되는 큰 원인이 되는 것이 유아기 때부터 지겹도록 반복하는 수학 연산학습입니다.

종이 위의 학습을 하기에는 아직 집중력과 인내력을 갖추지 못한 우리 유아들이 읽고 쓰기를 조금씩 할 수 있게 되었다는 이유로 책상 앞에 앉아 읽고 쓰고 셈하기를 강요받는다면 준비가 안 된 우리 아이들은 공부에 대한 거부감을 키워갈 수밖에 없습니다. 또한 이것이 부모-자녀 간의 갈등의 씨앗이 되는 것이지요.

학교에 들어가면 수학교과가 차지하는 비중이 높기 때문에 대부분의 부모들은 자녀가 학교에 들어가기 전부터 열심히 계산 연습을 시키게 됩니다. 그러나 유아들은 직접적인 경험을 통해 배워나갈 때 가장 효과적으로 학습해 나갈 수 있기 때문에 일상생활을 통해 자연스럽게 수학적 개념을 발달시켜 나가는 것이 좋습니다.

부모가 조금만 더 부지런히 움직이면 자녀가 요리와 같은 즐거운 활동을 통해 수학 개념을 발달시켜 나갈 수 있습니다. 수학에 대한 태도란 수학에 대해 갖는 자신감, 동기, 인내심을 말하지요. 학교에 입학하여 수학에 대해 긍정적인 태도를 보이는 학생들이 수학 성적에서도 우수한 성과를 나타내는 것을 많은 연구 결과들이 증명하고 있기 때문에 우리 아이들이 즐거운 활동을 통해 수학에 대해 긍정적인 태도를 형성해 나갈 수 있도록 하는 것은 무엇보다 중요합니다.

수학의 기초를 잘 다져나가도록 한다는 명목하에 반복적인 계산 연습을 하도록 강요하는 것은 부정적인 학습태도를 형성하도록 하고, 결국 '공부' 전반에 걸친 부작용을 낳는다는 것을 명심하도록 합시다.

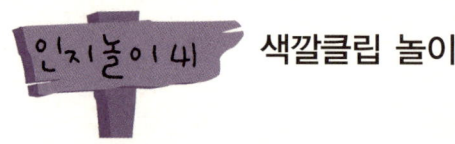 색깔클립 놀이

준비물_ 하드보드지, 색깔클립
효과_ 모양지각과 집중력 발달, 수학 개념 발달, 감각자극, 소근육 발달, 두뇌발달

'색깔클립 놀이'는 같은 색끼리 같은 수만큼 짝을 짓는 놀이로, 같은 색과 다른 색을 구분하면서 분류 개념을, 같은 수만큼 짝을 지으면서 수 개념의 발달을 돕는 효과가 있습니다. 또한 클립을 종이에 꽂는 활동을 통해서 소근육 발달에 도움이 됩니다. 다음과 같은 방법으로 색깔클립 놀이를 해봅시다.

직사각형 모양의 종이(빳빳한 하드보드지가 좋음) 가장자리에 색깔클립들과 같은 색으로 동그라미, 세모, 별표 모양으로 색칠을 하고 색깔클립을 준비합니다. 그런 다음 엄마가 시범을 보이며 색칠되어 있는 것과 같은 색의 클립을 종이에 끼우는 활동을 할 수 있도록 합니다.

 **수학 개념이란?**

수학 개념은 수학적 지식을 구성하는 것을 말하며 다음과 같은 개념들로 이루어집니다.
① **수 개념**: 수량, 부피, 크기에 대한 개념
② **측정 개념**: 사물의 양을 정하는 것과 관련된 개념
③ **패턴 개념**: 일정한 규칙성을 갖고 반복되는 것과 관련하여 규칙의 원리를 이해하는 개념
④ **분류 개념**: 사물을 일정한 기준에 따라 구분하는 것과 관련된 개념
⑤ **공간 & 기하 개념**: 세상을 구성하는 공간과 도형들에 대한 개념
⑥ **시간 개념**: 사건이나 사물의 위치나 순서와 관련된 개념
⑦ **통계 개념**: 정보를 수집, 분류, 표현, 분석하는 것과 관련된 개념

기초 학습능력을  키우는 시기: 6세-7세

가방챙기기는 자기관리의 시작이다

오늘은 승민이가 과학관으로 현장학습을 가는 날이었다. 준비물을 챙기는 건 당연히 엄마의 몫이었지만 오늘은 승민이에게 준비물을 챙겨 보라고 하였다. 나는 도시락과 물통을 식탁 위에 올려놓았다. 다른 일을 하는 동안에 승민이가 도시락과 물통을 가방에 넣고, 더 넣을 것이 있는지 물었다. 안내문에 있는 준비물을 읽어주면서 빠진 것이 있는지 묻자, 돗자리하고 봉지를 넣어야 한다고 하였다. 돗자리와 봉지를 찾아주었더니 가방에 잘 챙겨 넣었다. 현장학습에서 돌아온 승민이는 "엄마, 그런데 돗자리는 괜히 가져갔어. 거기 의자에서 그냥 간식만 먹고, 밥은 어린이집에 와서 먹었어" 하고 말했다. 무지 억울하다는 듯이 말하였다. 자신이 직접 챙겨 넣어서 더 억울하다는 생각이 드는 것 같았다.

-일산동 승민 엄마의 일기-

어린이 때는 스스로 준비물을 챙기고 시간관리를 하는 것이 미숙하기 때문에 대부분의 부모들이 아이의 전반적인 생활을 관리하게 됩니다. 그런데 정작 중요한 것은 아이가 조금씩 스스로 자기의 할 일을 챙길 수 있는 힘을 기를 수 있도록 지도하는 것인데, 시간이 많이 걸린다는 이유로 혹은 아이가 스스로 한 것의 결과가 만족스럽지 않다는 이유로 미숙한 아이를 위해 부모가 아이의 일을 챙겨주는 것은 당연하다며 우리 부모들은 아이의 매니저를 자처하고 나서고 있습니다.

거의 대부분을 부모의 도움을 받다가 자기의 일을 챙기는 연습을 충분히 하지 않은 우리 아이들이, 어느 날 갑자기 초등학교에 입학했고 이제는 그럴 나이가 되었다는 부모들의 생각하에 스스로 할 일을 챙기도록 무언의 압력을 받게 되지요.

어른들은 유아들의 능력을 과소평가하는 실수를 하곤 합니다. 6-7세의 자녀들은 부모의 도움을 조금씩 받으며 충분히 '자기의 일은 자기가 할 수 있는' 능력이 있습니다. 자녀의 일을 하나하나 부모가 챙기면서 관여하는 것은 오히려 이러한 자녀의 능력을 억누르게 되는 셈이지요.

6-7년이라는 오랜 시간 동안 스스로 관리하는 연습을 하지 않은 우리 어린이들이 어느 날 갑자기 자기의 일을 스스로 하지 않으면 비난받게 되는 것은 곰곰이 생각해보면 참 모순된 일입니다. 오랜 시간 연습하지 않은 것을 어느 날 갑자기 할 수 있는 것이 아니니까요.

미숙하더라도, 실수를 하더라도, 설령 그 결과가 좋지 않더라도 우리 아이들은 수많은 시행착오를 겪으며 자신에게 필요한 기술들을 익혀나가고 계획, 점검, 관리하는 능력인 초인지를 발달시켜 나가야 합니다.

중고등학생들 중에는 학교 준비물을 잘 챙기지 않아서 학교생활의 두서가 없어지는 경우가 많이 있습니다. 준비물을 빠뜨리는 것을 대수롭지 않게 여기고 그런 습관이 생활 전반에 영향을 미쳐 약속을 지키지 않고, 공부를 소홀히 하고, 할 일을 잘 챙기지 않는 등 자기관리에 실패하는 결과로 이어지는 것이지요.

초등학교에 입학하기 전 유치원이나 어린이집을 다닐 때 엄마, 아빠와 함께 준비물을 챙기고 가방을 싸는 연습을 충분히 할 수 있습니다. 무엇이 들어가는지도 모르게 엄마, 아빠가 싸준 가방을 들고 다니는 것은 물건의 소중함을 느끼지 못할 뿐만 아니라 집중력과 초인지의 발달에도 도움이 되지 않습니다.

준비물을 잘 챙기는 아이들이 자기관리도 잘하는 모습을 볼 수 있습니다. 준비물을 챙기며 꼼꼼히 어떤 일을 준비하고, 집중력을 발달시키고, 매사에 동기를 유지시켜 나갈 수가 있는 것이지요.

부모들이여, 자녀가 스스로 가방 챙기기를 하도록 도와줍시다. 오늘은 한 가지, 내일은 두 가지, 이렇게 차근차근 말이지요!

인지놀이 42   가방 챙기기 놀이

준비물_ 준비물을 적어놓은 목록, 가방, 각종 준비물
효과_ 집중력 발달, 초인지 발달

자녀와 함께 즐거운 가방 챙기기 놀이를 통해 자기관리 능력을 발달시킬 수 있도록 지도해봅시다. 준비물을 모두 챙기지 못할지라도 한 가지씩 준비물을 챙기는 연습부터 시작하면 머지않아 준비물을 모두 챙길 수 있는 어린이로 성장해 나갈 수 있습니다. 가방 챙기기 놀이는 스스로 준비물을 챙기면서 성취감을 느끼며 책임감을 발달시켜 나가는 데도 효과적입니다.

작은 것 하나라도 내가 챙겨야 빠뜨렸을 때 억울하고, 다음번에는 더 열심히 꼼꼼하게 챙겨야겠다는 생각을 하며 계획, 점검, 관리하는 초인지를 발달시켜 나갈 수 있는 것이지요.

〈놀이 순서〉
① 준비물을 5-6가지 적어놓은 준비물 목록을 준비한다.
② 엄마, 아빠가 준비물 목록에 적혀 있는 준비물을 한 가지씩 불러주며 자녀가 준비물을 하나씩 찾아서 가방에 넣도록 한다.
③ 준비물 목록에 적혀 있는 모든 준비물 챙기기가 끝나면 자녀와 함께 빠진 준비물이 없는지 가방에 들어 있는 물건들과 준비물 목록을 비교해본다.
④ 스스로 준비물을 챙긴 자녀의 행동을 적극적으로 칭찬하고 격려한다.

취학 전, 인지적 & 정서적 자녀의 객관적인 특성 파악하기

얼마 전까지만 해도 자녀의 행동에 문제가 보이는 경우에만 전문기관을 찾아 객관적인 자녀의 특성에 대해 평가를 받아보는 경우가 일반적인 현상이었습니다. 그러나 최근에는 문제가 있든 없든 자녀의 인지적 & 정서적 객관적인 특성을 파악하여 교육계획을 세워나가려는 부모들이 늘고 있지요.

자녀의 성격적인 특성은 부모가 가장 잘 알 수 있지만 지능, 정서, 주의력에 걸친 인지적 & 정서적 특성에 대해서는 객관적인 평가를 받고 파악해야 합니다. 지능검사를 한다고 하면 자칫 자녀의 전체적인 지능지수를 파악하기 위해서라고 생각하기 쉬우나, 지능검사는 전체지능보다는 지능을 이루고 있는 영역들의 균형이 잘 맞춰져 있는지를 보는 것이 중요하기 때문에 필요한 것이지요. 정서와 주의력도 학습과 떼려야 뗄 수 없는 관계이기 때문에 이와 관련된 자녀의 객관적인 특성을 파악하는 것은 매우 중요합니다.

자녀의 인지적 & 정서적 특성을 객관적으로 파악하면 더욱더 효과적인 교육계획을 세워나갈 수 있고, 자녀의 취약점을 학교에 입학하기 전에 조기에 발견하여 대처할 수 있기 때문에 취학 전에 신뢰로운 평가를 받아보길 권합니다.

기초 학습능력을  키우는 시기: 6세-7세

'실컷 놀게 하라'는 공부를 시키지 말라는 것일까?

언젠가 책에서 어린 시절에는 아이들을 실컷 놀려야 한다고 쓰여 있는 것을 인상 깊게 본 적이 있다. 그래서 요즘은 남들 다 시키는 학습지나 한글공부는 전혀 시키지 않고 아이가 신나게 뛰어놀 수 있도록 열심히 노력 중이다. 하지만 한편으로는 아이가 초등학교에 입학할 때가 다가오니 내심 걱정이 되기도 한다. 지금처럼 계속 아이를 열심히 놀게만 해도 괜찮을까?

-구산동 상준 엄마의 일기-

부모상담을 하다 보면 이런 경우가 흔히 있습니다. 어릴 때는 아이를 실컷 놀게 하는 것이 좋다고 들었기 때문에 한글공부나 셈하기 공부는 전혀 시키지 않고 신나게 아이가 뛰어놀게만 하고 있다는 것이지요.

심지어는 초등학교에 입학해서도 저학년 때까지는 열심히 놀아야 하기 때문에 학교공부와 관련해서는 일기쓰기나 가끔씩 있는 학교 숙제 외에는 전혀 자녀의 학습지도를 하지 않는 경우도 있습니다.

그런데 아이가 실컷 뛰어놀다가 어느 정도 고학년이 되는 시기에 자연스럽게 공부를 해나가면 더할 나위 없이 좋겠지만 공부라는 것은 습관이 중요하기 때문에 열심히 뛰어놀다가 어느 날 갑자기 공부를 하려고 하면 어려움을 겪게 되는 경우가 많습니다. 초등학교 3학년 때까지 학교공부는 소홀히 하고 열심히 놀기만 하다가 4학년 때부터 공부를 본격적으로 하려고 하니 어떻게 공부해야 할지 몰라 공부에 어려움을 겪고 학습부진에 빠지게 되기도 하는 것이지요.

여기서 잘 생각해보아야 하는 것은, '어릴 적 실컷 놀게 하라'는 의미가 '공부를 시키지 말아라'라는 의미와 같은 것인가 하는 점입니다. 실컷 놀게 하면서도 학교에 들어가기 전에 적절하게 읽기, 쓰기, 셈하기 능력을 키워나갈 수 있도록 공부할 수 있는데도 웬일인지 우리 부모들은 극단적으로 한쪽만 선택하게 되는 실수를 하곤 합니다.

학교에 입학하기 직전인 6-7세 무렵에는 열심히 뛰어놀면서도 학교에 입학해서 앞으로 공부해 나가는 데 기초적으로 필요한 국어 읽기, 쓰기, 셈하기 정도는 일정한 시간을 정해놓고 하루 30분씩, 이틀에 30분씩이라도 조금씩 공부를 할 수 있도록 해야 합니다.

공부를 아예 안 시키거나, 공부를 지나치게 많이 시키는 극단적인 선택을 하지 말고 자녀교육의 목표점을 바라보며 체계적으로 계획을 잘 세워야 하겠습니다. 초등학교 3학년까지는 기초적인 학습기능들, 즉 읽기, 쓰기, 셈하기 능력을 키우는 데 중점을 두는 것이 좋습니다. 내 아이가 읽기 속도도 적절하지 못한데 엉뚱하게 교재를 앞에 놓고 글을 읽고 문제를 풀도록 하는 방향으로 자녀를 지도한다면 교육의 큰 효과 없이 계속해서 모래성만 쌓고 있는 셈이라는 것을 잊지 말도록 합시다.

초등학교에 입학하는 무렵에는 1분당 정확하게 읽는 글자 수가 최소한 100글자 내외가 되어야 하고 100글자를 그대로 옮겨 쓰는 데 15분이 넘지 않는 것이 좋습니다. 읽기 속도와 쓰기 속도가 너무 느리면 학습에 부정적인 영향을 미치므로 초등학교에 입학할 무렵에는 자녀의 읽기, 쓰기 속도와 질적인 부분을 파악하고, 보완해야 하는 부분이 있다면 자녀가 차근차근 연습해 나갈 수 있도록 적극적으로 지도해야 합니다.

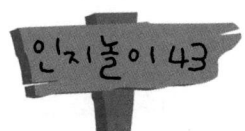 **역할 바꿔서 읽고 쓰기**

준비물_ 노트, 필기도구, 동화책
효과_ 집중력 발달, 읽기 & 쓰기 능력 발달

평소 자녀와 함께 공부를 할 때 엄마, 아빠는 자녀가 해놓은 것을 채점하고 지적하고 가르치는 역할을 합니다. 틀린 것을 반복적으로 지적당하다 보니 아이는 공부에 대한 거부감이 커지고 엄마, 아빠에 대한 반감마저 생기게 되는 것이지요.

'역할 바꾸기' 놀이는 평소 공부할 때의 역할을 부모와 자녀가 바꾸는 놀이입니다. 특히 읽기, 쓰기 연습을 많이 하게 되는 6-7세 무렵에 받아쓰기를 한다면 아이가 '부르고' 엄마, 아빠가 '받아 적는' 것이지요.

평소에 공부하던 방식에서 벗어나 역할을 바꿔서 엄마, 아빠가 적어놓은 것을 정답과 대조하며 채점을 하는 활동을 통해 집중해서 한글공부를 해나갈 수가 있습니다. 채점을 하는 사람이 훨씬 더 집중해야 한다는 것을 우리는 모두 잘 알고 있지요!

> **TIP 주의력이 취약한 아이들은 왜 글씨를 못 쓸까?**
>
> ADHD(주의력 결핍 과잉행동 장애)와 같이 주의력이 취약한 아이들은 두뇌발달과 관련하여 대소근육의 조절이 원활하지 않기 때문에 손의 소근육 조절에 어려움이 생기게 됩니다. 따라서 손의 소근육을 잘 조절해야 하는 글씨 쓰기가 잘 되지 않아서 글씨가 삐뚤삐뚤해지는 것이지요.

기초 학습능력을  키우는 시기: 6세-7세

육하원칙 일기쓰기는 글쓰기의 기초이다

우리 아이는 말로 하는 표현은 참 잘하는 것 같은데 생각을 글로 써보자고 하면 여간 시간이 많이 걸리는 것이 아니다. 물론 아직 아이가 어리니까 글로 자신의 생각을 표현한다는 것에 무리도 있겠지만, 그렇다고 내가 거창한 글쓰기를 요구하는 것도 아니고 유아 수준에서 아주 간단히 글을 써보도록 하는 것인데 열심히 읽고 말하고 충분히 생각을 쓸 수 있는 활동을 했다고 생각하는데도 공책 한 줄을 쓰려면 첫 글자 떼기에 세월아 네월아~이다. 하긴, 어른인 나도 생각을 글로 쓴다는 것이 쉽지 않으니 글로 뭔가를 표현한다는 것은 정말 어려운 일인 것 같다. 우리 아이가 자신의 생각을 글로 잘 표현할 수 있도록 지도하려면 어떻게 해야 할까?

-길음동 준호 엄마의 일기-

자녀가 초등학교에 입학할 무렵, 읽고 쓰는 활동이 많아지게 되는 6-7세 시기에는 일기도 쓸 수 있고 편지나 카드도 쓸 수 있지요. 이제 초등학교에 입학하게 되면 학교에서 숙제로 내주는 일기도 써야 하고 독서록도 써야 합니다. 그런데 아이들이 생각을 글로 써야 할 때 멀뚱멀뚱 공책만 내려다보고 있는 경우를 흔히 볼 수 있습니다.

아이들이 글 쓰는 것을 힘들어하면 부모들은 자녀에게 '찬찬히, 잘' 생각해보라고 얘기를 해줄 뿐, '어떻게' 찬찬히 잘 생각해야 하는지에 대해서 말해주는 것은 빠뜨리곤 합니다. 아이가 혼자서 생각하다가 시간이 많이 지나고 그래도 글쓰기를 시작하지 못하면 부모들은 답답해하며 옆에 앉아 엄마, 아빠가 불러주는 대로 그대로 쓰도록 하기도 하지요. 도통 자녀의 글쓰기 능력은 나아지는 것 같지가 않아 보여 우리 부모들은 애가 탑니다.

그런데 의외로 해결점은 아주 가까운 곳에 있습니다. 우리 모두가 아주 잘 알고 있는 '육하원칙'을 활용하는 것이지요. 육하원칙은 '누가, 무엇을, 언제, 어디서, 왜, 어떻게'에 해당하는 것을 말합니다. 육하원칙을 통해 '단서'를 활용하게 됨으로써 생각을 확장시키고 그것을 글로 표현하는 것을 도울 수가 있습니다.

아이가 글을 쓰는 첫 단추를 못 꿰고 있을 뿐인데, 마치 아이의 글쓰기 능력이 떨어지는 것처럼 착각하며 자녀를 평가한다면 우리 아이들은 억울하기만 합니다. 엄마, 아빠나 지도하는 선생님이 육하원칙을 활용하도록 해서 글쓰기의 첫 단추 꿰는 것을 돕는다면, 어린 시절부터 우리 자녀들은 생각을 키워나가고 글쓰기 표현이 발달할 뿐만 아니라 생각이 꼬리에 꼬리를 무는, 논리적인 지능을 발달시켜 나갈 수가 있는 것이지요.

평소에는 글쓰기가 그렇게 힘들어 보였던 우리 아이가 '육하원칙'이라는 단서를 활용함으로써 집중해서 생각을 해나가고 그것을 글로 다시 표현하는 활동을 한결 더 쉽게 해나가는 것을 볼 수 있게 될 것입니다.

자, 이제 육하원칙에 따라 삐뚤삐뚤 유아 수준에 맞는 일기를 써보는 활동을 해보도록 할까요?

 **육하원칙에 따라 일기쓰기**

준비물_ 일기장, 연습장, 필기도구
효과_ 논리력 발달, 글쓰기 능력 발달

〈놀이 순서〉
① 하루에 있었던 일들 중에서 아이에게 가장 기억에 남는 일에 대해서 이야기를 나눈다.
② 육하원칙 '누가, 무엇을, 언제, 어디서, 왜, 어떻게'에 따라 하루 중 가장 기억에 남는 일을 순서대로 연습장에 써보도록 한다.
③ 연습장에 써놓은 것을 일기장에 적절한 문장으로 나눠서 이어 쓰도록 한다.
④ ①번에서 이야기 나눴던 것들을 다시 기억하며 느낀 점, 즐거웠던 점, 아쉬웠던 점 등에 대해 ③번에 이어서 쓰도록 한다.
⑤ 일기장에 쓴 내용을 처음부터 읽어보도록 하고 추가할 사항이 있는지 생각해보고 덧붙이도록 한다.

육하원칙에 따라 생각을 하고 글을 쓰는 연습을 하되, 자녀의 읽기, 쓰기 능력에 따라 글의 양을 조절하도록 해야 합니다. 아직 글씨를 쓰는 것이 서투른 자녀에게 많은 양을 쓰도록 강요 아닌 강요를 한다면 오히려 그 부작용이 더 커지니까요.

　글씨를 쓰는 것이 서투른 자녀들은 '누가, 무엇을, 언제, 어디서, 왜, 어떻게'에 해당하는 것만을 써보도록 하는 것도 자녀의 사고능력과 글쓰기 능력을 키워나가는 데 많은 도움이 됩니다.

TIP 논리적인 지능은 학습에 어떤 영향을 미칠까?

　논리적인 지능이 높은 학생은 자신에게 주어진 여러 문제들을 체계적이고 분석적으로 해결해 나갈 수 있습니다. 학습에서 어려움을 호소하는 학생들의 공부방법을 잘 들여다보면 공부 내용을 논리적이고 체계적으로 분석하는 점에서 상당히 취약한 모습을 보이는데, 내용을 분석하고 체계화시키는 논리적인 능력이 취약하기 때문에 문제해결의 방법을 이미 알고 있음에도 불구하고 적용을 잘 못하게 되는 것이지요.

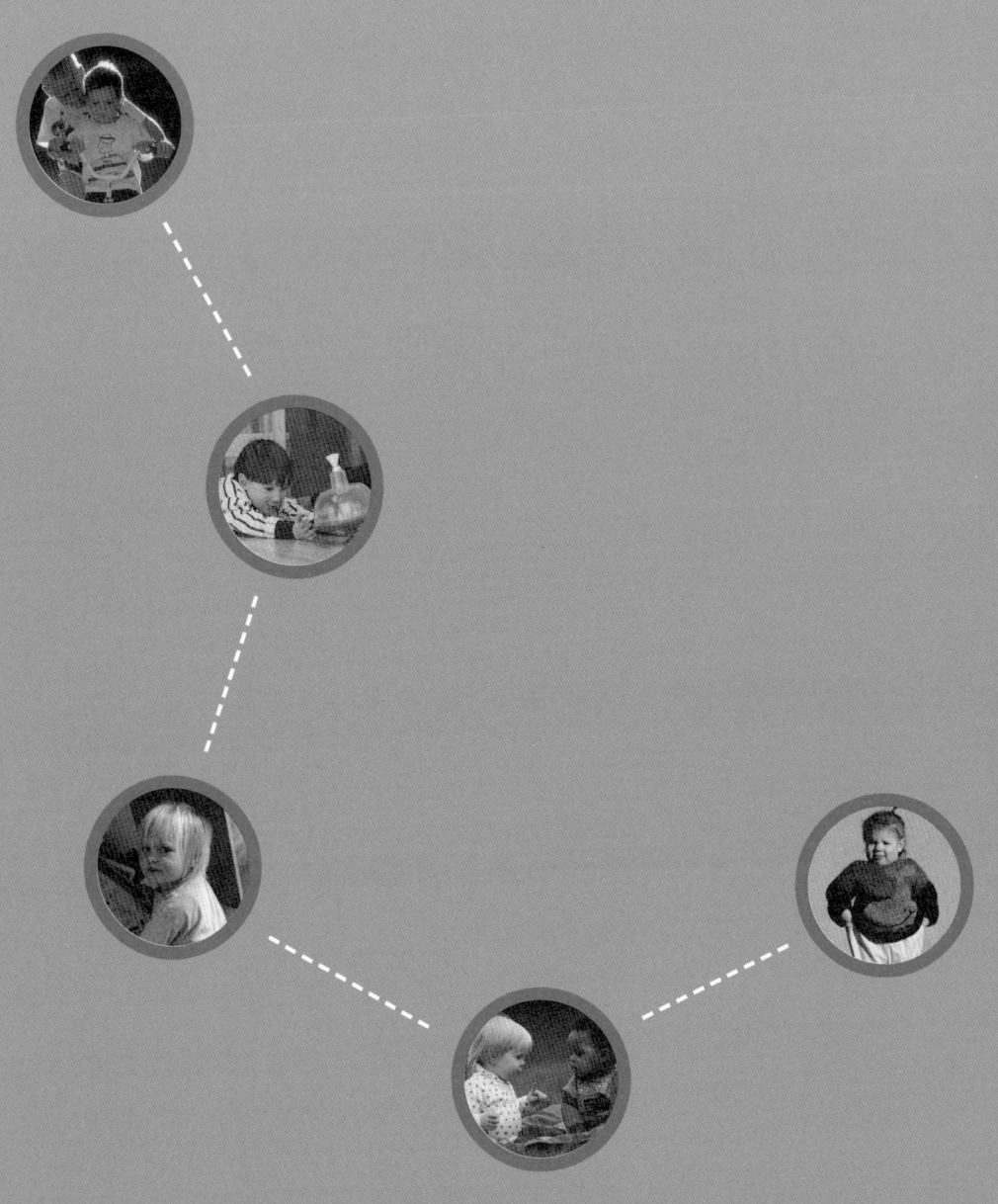

특정한 모양에서 빠진 곳을 찾는 활동을 통해 시각 집중력을 길러나갈수 있습니다.
이 놀이는 특정한 모양에서 중요한 부분과 그렇지 않은 부분을 구별하는 능력을 키우고
시각적인 민첩성과 집중력을 발달시키는 데 도움이 됩니다.

집중력과 기억력을
발달시키는 인지놀이

집중력을 길러나가는 시기에 있는 유아들은 지루한 과제를 하기가 쉽지 않습니다.
지루하고 단순한 과제를 잘 참고 견디는 연습을 조금씩 하도록 격려하면 주어진 일을
포기하지 않고 끝까지 해내는 습관을 기르는 데 도움이 되지요.

집중력과 기억력을  발달시키는 인지놀이

수 개념을 발달시키는 쓰기 인지놀이

이제 아는 글자도 제법 많아진 다섯 살 서영이. 서영 엄마는 서영이가 한글을 더 많이 익히기를 바라는 마음에 매일매일 서영이를 앉혀놓고 공책에 글씨를 쓰도록 지도하고 있습니다. 그런데 언제부턴가 공책에 글씨를 쓰자고만 하면 고개를 돌리며 짜증을 내는 서영이를 보며 엄마는 속상하기만 합니다. 서영이는 공부에 흥미가 없는 것일까요?

'좌표 안의 글자와 여러 가지 모양을 그대로 옮기기'는 10×10의 칸에 있는 글자와 여러 가지 모양을 다른 10×10의 칸에 그대로 옮겨 쓰거나 그리는 놀이입니다.

지루한 방식의 쓰기공부에서 벗어나 여러 글자와 모양을 그대로 옮겨 쓰거나 그리는 활동을 통해 집중력과 기억력을 발달시켜 나갈 수 있으며 효과적으로 글자를 배워나갈 수 있습니다.

 **좌표 안의 글자와 여러 가지 모양을 그대로 옮기기**

준비물_ 여러 가지 모양과 글자가 섞여 있는 10×10칸 학습지, 필기도구
효과_ 집중력 & 기억력 발달, 시공간지각 발달, 과제인내력 발달, 효과적인 맞춤법 공부, 학습 동기 발달

〈놀이 순서〉
① 자녀가 배우고 있는 글자들을 중심으로 여러 가지 모양과 함께 10×10칸 학습지를 만든다.
② 자녀와 함께 똑같은 학습지를 각각 나눠 가지고 함께 옮겨 쓰기를 시작한다.
③ 옮겨 쓰기가 모두 끝나면 틀리게 옮겨 쓴 것이 없는지 꼼꼼하게 서로의 학습지를 함께 확인하고 틀리게 옮겨 쓴 부분을 고치도록 한다.

※좌표쓰기 예

		◆		과	자			
	발		☺				☂	
♣	가				껌	♨		사
	락							랑
		ㄹ				⊙		해
			♪					
손			모	자			★	ㅅ
가								의
락								자
♨				재	미	있	다	♥

집중력과 기억력을  발달시키는 인지놀이

시각 집중력을 키우는 인지놀이

내년이면 초등학생이 되는 화곤이. 화곤이는 요즘 엄마, 아빠와 함께 학습지로 공부를 하고 있습니다. 그런데 웬일인지 엄마, 아빠가 보기에는 화곤이가 실수로 못 보고 지나치는 것이 많아 보입니다. 조금만 집중하면 실수가 없을 것도 같은데 매번 못 보고 지나치는 것이 많아서 엄마, 아빠는 걱정이 많습니다. 우리 화곤이가 찬찬히 학습지를 보며 실수를 줄일 수 있는 방법은 없을까요?

특정한 모양에서 빠진 곳을 찾는 활동을 통해 시각 집중력을 길러나갈 수 있습니다. 이 놀이는 특정한 모양에서 중요한 부분과 그렇지 않은 부분을 구별하는 능력을 키우고 시각적인 민첩성과 집중력을 발달시키는 데 도움이 됩니다. 또한 알고 있는 모양을 기억해내야 하기 때문에 기억력 발달에도 도움이 되지요.

시각적인 집중력이 떨어져 있을 때는 빠진 부분을 잘 발견하지 못하므로 자녀가 그림 모양에서 빠진 부분을 잘 발견하지 못할 때는 꼼꼼하게 그림 모양을 부분부분 짚어보며 집중하는 법을 배워나갈 수 있도록 지도하는 것이 좋습니다.

 **빠진 곳을 찾아라**

준비물_ 일부분이 빠져 있는 여러 모양의 그림카드와 각각의 완성된 모양의 그림카드
효과_ 집중력 & 기억력 발달, 사고력 발달

〈놀이 순서〉

① 일부분이 빠져 있는 여러 모양의 그림카드와 각각의 완성된 모양의 그림카드를 준비한다.
② 그림카드에 있는 모양 중 빠진 부분을 표시하게 한다.
③ 틀리게 표시한 부분이 있는 그림카드는 따로 분류해서 다시 한 번 빠진 부분을 표시하도록 한다.
④ 표시가 모두 끝나면 각각의 완성된 모양의 그림카드를 놓고 빠진 부분에 잘 표시했는지를 자녀와 함께 비교해보도록 한다.

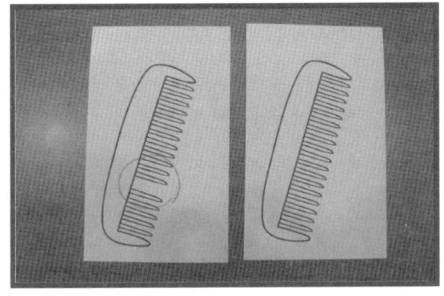

집중력과 기억력을  발달시키는 인지놀이

청각 집중력을 키우는 인지놀이

올해로 여섯 살이 된 승민이. 승민이는 또래 친구들보다 빠르게 한글을 익혔습니다. 책을 좋아하는 승민이는 한글을 알기 때문에 책 읽는 것이 더 재미있나 봅니다. 그런데 승민 엄마는 걱정이 하나 있습니다. 승민이가 책을 좋아하고 한글도 잘 읽는데 책을 너무 빠르게 읽는다는 것입니다. 아직은 어리니까 매번은 아니더라도 엄마는 승민이가 조금 더 천천히 책을 읽었으면 하는 마음입니다. 승민이가 천천히 책을 읽도록 도우려면 어떻게 해야 할까요?

유아들은 열심히 집중력을 길러나가는 시기에 있으므로 차근차근 집중하며 글자를 읽는다는 것이 여간 어려운 일이 아닙니다. 글자를 읽다가 잘 모르는 것이 나오기라도 하면 집중력이 금세 떨어지는 것이 유아기에 있는 아이들입니다. 또한 유아들은 다른 사람이 말하는 것을 주의 깊게 듣지 못하곤 하기 때문에 다른 사람의 말에 귀를 기울이는 연습을 하는 것이 필요하지요.

'다르게 읽는 부분을 찾아라'는 차근차근 글자를 읽고 다른 사람의 말에 귀를 기울이며 필요한 자극에 적절하게 반응하는 능력을 기르는 데 유익한 놀이입니다. 주어진 글을 잘 보면서 다른 사람이 다르게 읽는 부분을 찾아 표시하는 놀이를 통해 우리 자녀들은 집중력과 기억력을 발달시켜 나갈 수 있습니다.

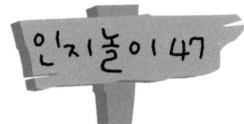 **다르게 읽는 부분을 찾아라**

준비물_ 책 원본과 복사본, 필기도구
효과_ 집중력 & 기억력 발달, 읽기 능력 발달, 학습동기 발달

〈놀이 순서〉

① 각종 책 원본과 복사본, 필기도구를 준비한다.
② 엄마는 복사본을 보고 아이는 원본을 보도록 한다.
③ 1-2페이지 정도 분량의 글을 읽으며, 엄마가 읽는 부분과 다른 부분에 표시를 하도록 한다.
④ 정해진 분량을 다 읽고 난 후에 아이가 다른 부분을 올바르게 표시했는지

엄마와 함께 확인해보도록 한다.
⑤ 엄마가 다르게 읽은 부분에 표시를 못 한 부분이 있으면 엄마가 어떻게 읽었는지를 확인시켜준다.
⑥ 다른 내용으로 2-3회 반복한다.

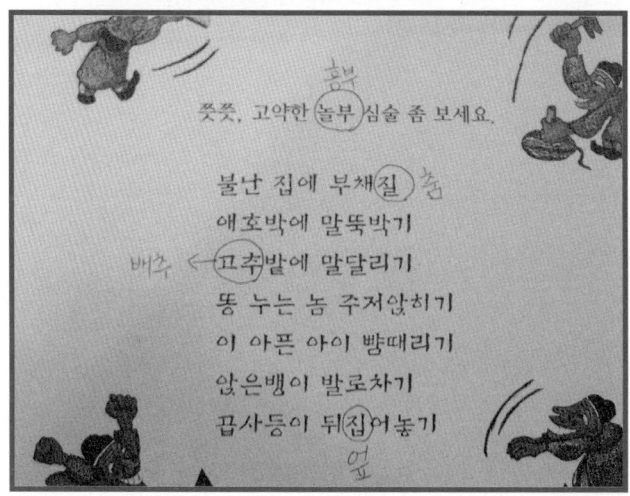

집중력과 기억력을  발달시키는 인지놀이

인내심을 기르는 인지놀이

다섯 살 난 준호는 좋아하는 놀이를 할 때는 그래도 집중을 잘하는 편입니다. 그런데 좋아하지 않거나 재밌어 보이지 않는 활동을 할 때는 금세 싫증을 내고 계속하려고 들질 않습니다. 집에서도 그러는데 유치원에서 친구들과 활동을 할 때도 그런 모습을 보인다고 하니 준호 엄마는 이만저만 걱정이 되는 것이 아닙니다. '아직 어려서 그럴거니……' 하고 준호 엄마는 생각해보지만 그래도 내심 걱정이 됩니다. 준호가 하기 싫고 지루한 것도 잘 참고 견디는 연습을 할 수 있는 놀이는 없을까요?

집중력을 길러나가는 시기에 있는 유아들은 지루한 과제를 하기가 쉽지 않습니다. 지루하고 단순한 과제를 잘 참고 견디는 연습을 조금씩 하도록 격려하면 주어진 일을 포기하지 않고 끝까지 해내는 습관을 기르는 데 도움이 되지요.

'모양 바꾸기'는 각각의 여러 모양을 특정 숫자들과 짝 지어놓고 '모양을 숫자로 바꾸는' 놀이입니다. 숫자를 모양으로 바꾸는 것으로 응용해도 좋습니다. '모양 바꾸기' 놀이를 통해 과제인내력을 기르고 집중하며 기억력을 발달시키는 연습을 할 수 있도록 지도해봅시다.

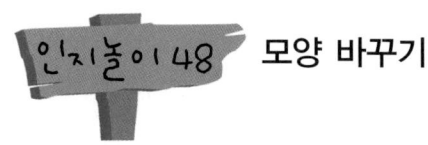 **모양 바꾸기**

준비물_ 모양 바꾸기 학습지, 필기도구
효과_ 과제인내력 발달, 집중력 & 기억력 발달

〈놀이 순서〉
① 모양 바꾸기 학습지를 놓고 각각의 모양과 짝 지어진 숫자를 확인하도록 한다.
② 각각의 모양을 짝 지어진 숫자로 바꾸도록 설명한다.
③ 모양 바꾸기를 시작하면 멈추지 않고 끝까지 해야 하는 규칙을 알려준다.
④ 모양 바꾸기를 모두 마치면 자녀와 함께 틀린 곳이 없는지 차근차근 확인하도록 한다.
⑤ 멈추지 않고 끝까지 하고 틀린 곳을 모두 고치면 정해놓은 규칙대로 스티커를 준다.

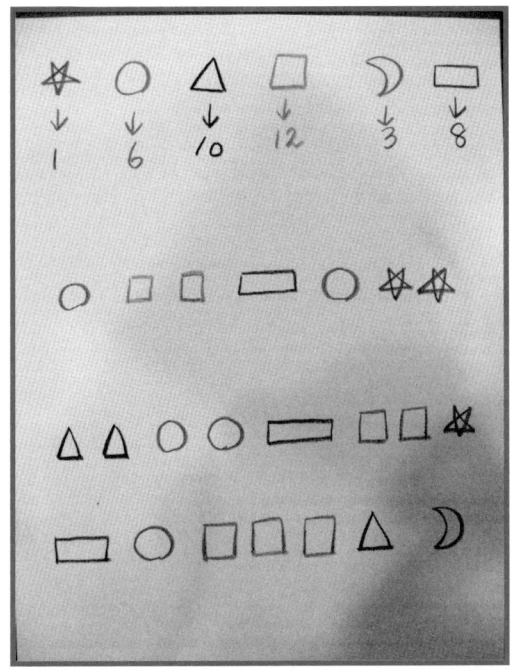
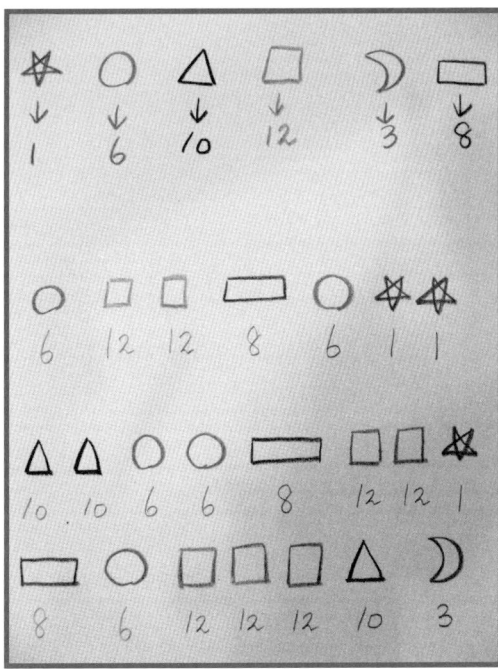

집중력과 기억력을  발달시키는 인지놀이

음운인식 능력을 키우는 인지놀이

다섯 살 민주. 민주는 요즘 엄마와 함께 조금씩 한글공부를 하고 있습니다. 글자에 흥미를 보이는 민주는 엄마와 함께 공부한 글자를 곧잘 읽으니 엄마는 신기하고 기쁘기만 합니다. 그런데 지금은 아이가 글자를 통째로 기억하는 것 같아 보이네요. 아이들은 글자 모양을 통째로 기억하는 것으로 한글공부를 시작하긴 한다지만 민주 엄마는 민주에게 낱소리들을 합쳐서 글자가 만들어진다는 것을 조금씩 알려주고 싶습니다. 민주 엄마가 아이 수준에 맞춰서 쉽게 자음과 모음을 민주에게 가르치는 방법은 없을까요?

아이들은 처음에 글자를 배울 때 일반적으로 글자 모양을 통째로 기억합니다. 그래서 어린 시절에는 '통글자'로 한글을 배우기 시작하지요. 예를 들어, '우유'라는 글자를 통째로 기억하고 그 모양을 보면 '우유'라고 읽는 것입니다.

그런데 아이가 점점 더 읽고 쓸 수 있는 글자가 많아지게 되면 결국은 자음과 모음을 조합해서 글자를 만들어내야 하기 때문에 글자가 만들어지는 원리를 조금씩 알려주는 것이 좋습니다. 그러나 아이에게 일방적으로 설명하고 기억하도록 하는 방법은 피해야 합니다. 즐거운 놀이를 통해 글자가 만들어지는 원리를 아이가 조금씩 배워나가도록 도와야 함을 잊지 맙시다.

'자모음 찾기' 놀이를 통해 글자가 만들어지는 원리도 배우면서 집중력과 기억력을 발달시킬 수 있도록 지도해봅시다.

 **자모음 찾기**

준비물_ 자음과 모음이 섞여 있는 학습지, 아이가 배운 글자 목록, 필기도구
효과_ 과제인내력 발달, 집중력 & 기억력 발달, 효과적인 한글학습

〈놀이 순서〉

① 자음, 모음이 섞여 있는 학습지와 필기도구를 준비한다.
② 평소 자녀와 함께 공부한 글자 목록을 준비하고 각각의 글자가 만들어지도록 자음과 모음을 찾을 수 있는 방법을 차근차근 설명한다.
③ 특정 글자가 되도록 자음과 모음을 찾게 하고 아이가 잘 찾지 못하면 엄마가 도와준다.

④ 자음과 모음을 모두 찾으면 목록에 있는 글자가 되도록 자녀와 함께 글자를 써보도록 한다.

ㄱ	ㄱ	ㅇ	ㄹ	ㅅ	ㄴ	ㅈ	ㄷ	ㄷ	ㄹ
ㅣ	ㅣ	ㅏ	ㅓ	ㅗ	ㅜ	ㅜ	ㅛ	ㅛ	ㅕ
ㅘ	ㅐ	ㅐ	ㅔ	ㅖ	ㅏ	ㅏ	ㅛ	ㅠ	ㅜ
ㅡ	ㅗ	ㅓ	ㅕ	ㅑ	ㅒ	ㅖ	ㅜ	ㅡ	ㅣ
ㄹ	ㅎ	ㅎ	ㄷ	ㅁ	ㅁ	ㅋ	ㅈ	ㅈ	
ㅇ	ㅇ	ㅂ	ㅁ	ㅈ	ㄴ	ㄷ	ㅌ	ㅌ	ㅍ
ㅠ	ㅗ	ㅓ	ㅏ	ㅕ	ㅕ	ㅛ	ㅣ	ㅣ	ㅐ
ㅍ	ㅊ	ㅊ	ㄷ	ㄷ	ㄴ	ㄴ	ㅌ	ㅋ	ㅈ
ㅅ	ㅅ	ㅗ	ㄱ	ㅅ	ㄴ	ㅇ	ㅠ	ㅖ	
ㅏ	ㅇ	ㄹ	ㄷ	ㅃ	ㅗ	ㅇ	ㅊ	ㄱ	ㅏ
ㅇ	ㄷ	ㄷ	ㅎ	ㅘ	ㅣ	ㅑ	ㅕ	ㅐ	ㅍ

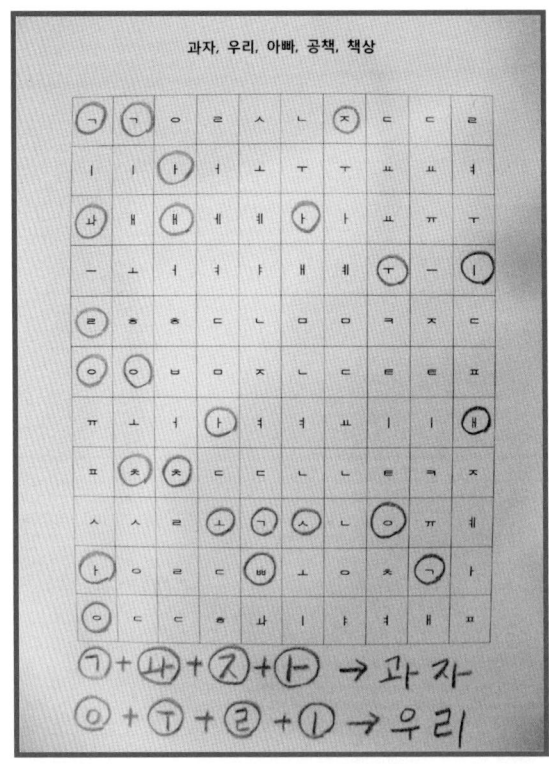

과자, 우리, 아빠, 공책, 책상

ㄱ + ㅘ + ㅈ + ㅏ → 과자
ㅇ + ㅜ + ㄹ + ㅣ → 우리

집중과 기억력을  발달시키는 인지놀이

시각적 탐색 능력을 키우는 인지놀이

여섯 살 혜영이는 요즘 글자 읽는 재미에 푹 빠져 있습니다. 엄마, 아빠랑 길거리를 걸어가다가도 간판에 보이는 글씨를 읽어보려고 무척 애를 씁니다. 그러다가 혜영이가 잘 아는 글자를 발견하면 목소리가 커지고 "와! '강'이다, '강'!" 하며 어찌나 뿌듯해 하는지……. 혜영이가 한글 공부도 재밌게 하고 성취감도 느끼고 집중력도 키울 수 있도록 하는 놀이가 있을까요?

아이들이 한글을 본격적으로 배워나갈 때 열심히 공부해나갈 수 있는 동기를 주기 위해서는 성취감을 느낄 수 있도록 지도해야 합니다. 배운 것을 반복적으로 확인하는 것이 학습의 효과를 최대화시키는 방법이지요.

자녀에게 열심히 한글을 가르치고 싶은 욕심에 생활 속에서 반복적으로 글자를 확인하는 것은 미뤄두고 새로운 글자를 읽고 쓰는 것에 집중한다면, 참고 견디는 힘이 약한 유아는 금세 싫증을 낼 수도 있습니다.

즐거운 놀이를 통해 배운 글자를 확인할 수 있도록 합시다. 자녀가 한글공부에 흥미를 잃지 않고 성취감을 느끼면서 효과적으로 집중력과 기억력을 발달시켜 나갈 수 있게 됩니다. '지정 글자를 찾아라'는 자녀가 평소에 배웠던 글자 중 특정 글자를 지정해주고 글 속에서 그 글자를 찾도록 하는 놀이로 읽기 능력 발달에도 매우 효과적인 놀이입니다.

 **지정 글자를 찾아라**

준비물_ 잡지나 그림책 등 각종 책이나 종이류
효과_ 과제인내력 발달, 집중력 & 기억력 발달, 효과적인 한글학습

〈놀이 순서〉
① 글씨가 있는 그림책이나 잡지 등 각종 책이나 종이들을 준비한다.
② 평소 자녀가 배운 글자들 중 한 글자를 지정해주고 그 글자를 찾아 동그라미 표시를 하도록 한다.
③ 표시가 모두 끝나면 빠뜨린 것은 없는지 자녀와 함께 차근차근 확인하도록 한다.

집중력과 기억력을  발달시키는 인지놀이

관찰력을 키우는 인지놀이

영주 엄마는 다섯 살 영주랑 한글공부도 하고 셈하기 공부도 하고, 함께 그림도 그리고 싶고 이것저것 하고 싶은 게 많습니다. 영주에게 엄마가 하는 걸 잘 보라며 열심히 이것저것 해보지만 영주는 도통 엄마가 하는 걸 잘 들여다보려고 하질 않습니다. 엄마가 하는 걸 잘 들여다봐야 영주가 엄마를 따라서 여러 가지를 배워나갈 수 있을 텐데 말이지요. 엄마는 혼자서만 열심인 것 같아 속상하기만 합니다. 엄마가 하는 활동을 집중하며 관찰할 수 있는 방법은 없을까요?

한창 주변 사람들의 행동을 따라 하며 필요한 것들을 배워나가는 유아기에는 '모방'놀이를 통해 아이의 흥미를 유발하는 것이 좋습니다. 그저 엄마, 아빠가 하는 행동을 잘 보고 따라 하기를 바라기보다는 따라 하는 연습이 되는 놀이활동을 통해 아이를 돕는 것이 훨씬 효과적이지요.

'똑같은 모양 만들기'는 여러 가지 활동으로 적용할 수 있는 즐거운 놀이입니다. 그림 모양을 보고 똑같이 따라 하기, 사물 똑같이 배열하기 등 여러 놀이로 응용할 수 있는 것이지요. 똑같은 모양을 만드는 활동을 통해 아이의 집중력과 기억력을 발달시키고 평소 엄마, 아빠가 시범 보이는 활동을 잘 관찰하는 연습도 될 수 있도록 지도해봅시다.

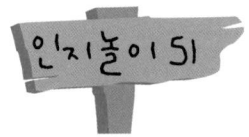 **똑같은 모양 만들기**

준비물_ 똑같이 따라 할 수 있는 여러 그림 모양이나 사물들
효과_ 과제인내력 발달, 집중력 & 기억력 발달, 관찰력 발달

〈놀이 순서〉

① 똑같이 따라 할 수 있는 여러 그림 모양이나 사물들을 준비한다.

② 제시되는 모양과 똑같은 모양이 되도록 잘 관찰하고 따라 해야 함을 설명해준다.

③ 따라 하는 것이 모두 끝나면 틀린 곳은 없는지 자녀와 함께 차근차근 확인하도록 한다.

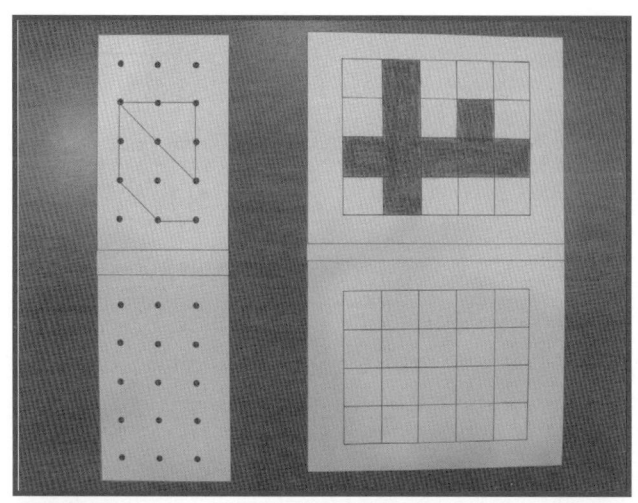
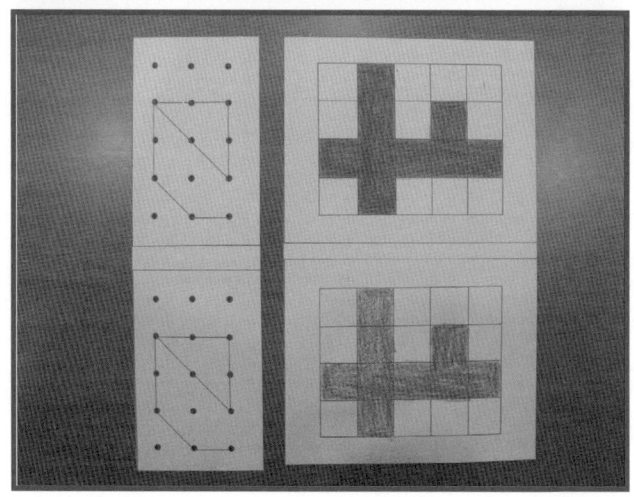

집중력과 기억력을  발달시키는 인지놀이

즐거운 숫자공부를 통해 집중력을 발달시키는 인지놀이

일곱 살 정은이. 정은이는 내년에 학교에 입학할 준비를 하기 위해 엄마와 조금씩 연산공부를 하고 있습니다. 그런데 어느 날 정은이에게 1부터 50까지 수를 써보라고 하니 얼마 전에 써봤을 때보다 속도가 많이 느려진 것 같아 정은 엄마는 걱정이 되었습니다. 불안한 마음에 다시 정은이에게 숫자쓰기를 반복해서 하도록 했는데 정은이가 몸을 비비 꼬면서 지루해하기만 합니다. 정은이가 숫자공부를 즐겁게 하면서 집중력을 키우는 방법은 없을까요?

우리 부모들은 아이들에게 읽기, 쓰기, 숫자를 가르칠 때 자꾸만 한두 가지 방법으로 가르치는 경향이 있습니다. 숫자를 배워가는 방법은 참으로 여러 가지인데 부모들은 공책에 숫자를 쓰거나 소리 내어 숫자를 세어보는 한두 가지 방법을 고수하는 경우가 많으니 우리 아이들은 지루하기만 합니다.

'숫자 잇기'는 아이들이 집중력도 기르면서 숫자도 반복적으로 공부할 수 있는 즐거운 놀이입니다. 숫자를 순서대로 잇는 것도 효과적이지만, 숫자를 거꾸로 이어가도록 하면 앞으로 뺄셈공부를 하는 데도 매우 긍정적인 영향을 미칩니다.

만약 아이가 30까지 수를 안다면 30부터 거꾸로 잇기를 연습하고 익숙해지면 40부터 거꾸로, 또 50부터 거꾸로 잇는 식으로 숫자를 늘려나가면서 놀이를 하도록 하면 수 공부를 효과적으로 해나가면서 집중력도 길러나갈 수 있습니다.

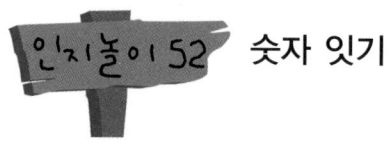 **숫자 잇기**

준비물_ 숫자 잇기 학습지, 필기도구
효과_ 과제인내력 발달, 집중력 발달, 효과적인 숫자공부

〈놀이 순서〉
① 숫자들이 섞여 있는 숫자 잇기 학습지와 필기도구를 준비한다.
② '순서대로 잇기', '거꾸로 잇기' 활동에 따라 숫자들을 하나씩 이어나가야 함을 차근차근 설명한다.

③ 숫자를 이어나갈 때는 멈추지 말고 끝날 때까지 계속해야 하는 규칙을 알려준다.
④ 숫자를 모두 이으면 틀린 곳은 없는지 자녀와 함께 차근차근 확인하도록 한다.

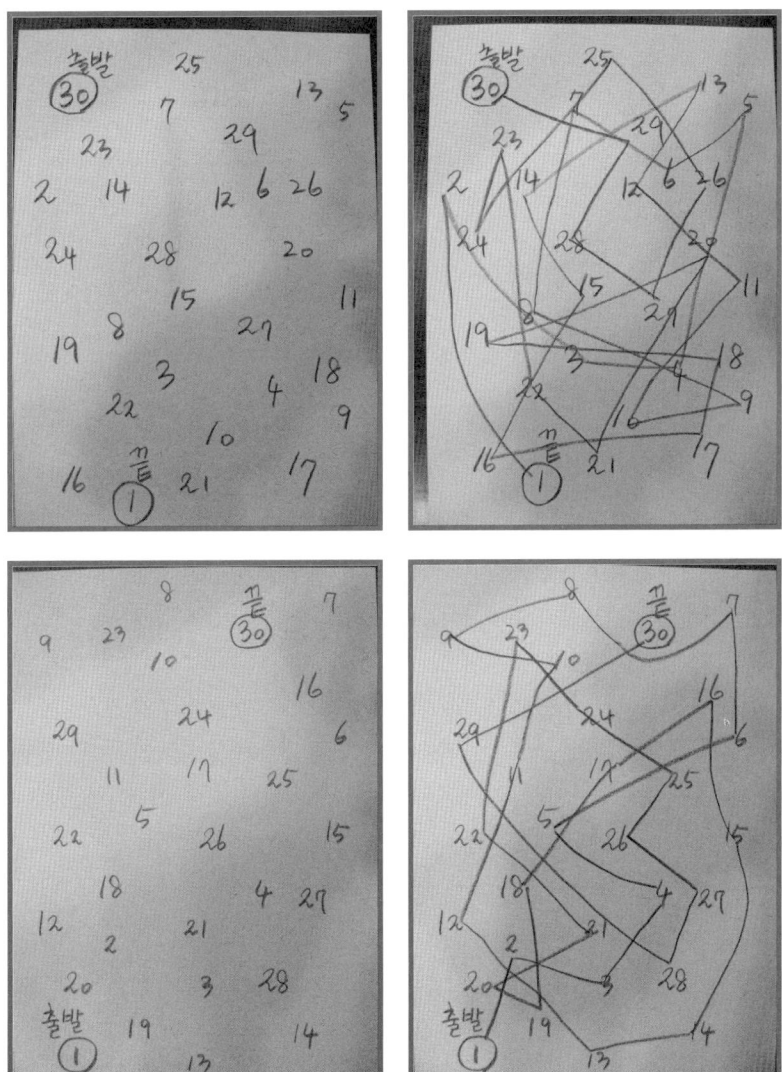

아이가 너무 어려서 혼자서 답을 보고 채점을 하기가 어렵다면 엄마, 아빠가 옆에서 답을
불러주고 동그라미, 별표를 하도록 하면 됩니다. 채점은 집중력을 길러갈 수 있는
매우 유익한 활동이니까요.

Part 6

읽기, 쓰기, 셈하기 능력을
발달시키는 인지놀이

학교에 들어갈 무렵이 되면 유아들도 조금씩 연산공부를 하기 시작하지요. 그런데 아이들이 연산을 하고 나면 대부분 엄마, 아빠들이 채점을 하는 모습을 볼 수 있습니다. 아이들은 열심히 공부를 하고 엄마, 아빠가 채점을 하면 왠지 평가를 받는 기분이 들어 마음이 불편합니다.

읽기, 쓰기, 셈하기 능력을  발달시키는 인지놀이

소리 내어 읽기에 대한 거부감을 줄이는 인지놀이

여섯 살 소연이. 소연 엄마는 소연이가 여섯 살이 되자 본격적으로 읽기, 쓰기 공부를 하도록 지도하고 있습니다. 한글공부를 처음 시작하면서부터는 읽기에 흥미를 보이는가 싶었는데 이제는 제법 읽을 수 있는 글자도 많아 혼자서 그림책도 읽을 수 있을 정도이지만 소리 내서 글자를 읽어보라고 하면 입을 꾹 닫아버립니다. 소연이가 소리를 내서 책을 읽어봐야 아이가 글자를 잘 읽는지를 더 잘 알 수 있을 텐데요……. 소연 엄마는 애가 타기만 합니다. 아이가 거부감 없이 소리 내서 책을 읽도록 하는 방법은 없을까요?

책읽기를 좋아하는 아이들 중에 소리 내서 책을 읽어보자고 하면 귀찮아하고 싫어하는 경우가 많습니다. 이때 많은 부모들이 억지로 소리 내서 책을 읽어보도록 하는 경우가 많은데요, 아이가 소리 내서 책을 읽는 모습을 잘 관찰하며 글자를 잘 읽는지 보기 위해서는 억지로 소리 내서 책을 읽어보라고 강요하지 말고 즐거운 놀이를 활용하는 것이 좋습니다.

아이들이 열광하며 좋아하는 학습도구 삼총사, 바로 '초시계', '마이크 달린 녹음기', '계산기'이지요. 이 세 가지 도구를 잘 활용하면 매우 효과적으로 아이들 공부를 지도해 나갈 수 있습니다.

이 중 '초시계'를 활용하여 읽기를 지도하는 방법 중 '읽기 속도 재기' 놀이는 아이들의 읽기 능력도 키우면서 소리 내서 책을 읽는 활동을 거부감 없이 할 수 있도록 돕는 효과가 있습니다. 1분 동안 정확하게 읽는 글자 수가 초등학교에 입학할 무렵에는 100글자 내외가 되어야 하며, 1학년이 끝날 무렵에는 150글자, 2학년이 끝날 무렵에는 200글자, 3학년이 끝날 무렵에는 250글자 내외가 되어야 합니다. 읽기 속도가 적절하지 못하면 독해에 어려움을 겪게 되어 내용파악을 제대로 못하고 핵심요약에 어려움이 있고 시험불안의 한 요인이 될 수 있습니다. 초등학교 3학년까지는 읽기, 쓰기, 기초적인 셈하기가 유창하게 될 수 있도록 하는 방향으로 학습지도를 해야 그 이후의 난이도 있는 공부를 잘 해나갈 수 있다는 것을 기억해야 합니다.

 **읽기 속도 재기**

준비물_ 책, 초시계, 필기도구
효과_ 과제인내력 발달, 집중력 발달, 효과적인 읽기공부

〈놀이 순서〉

① 책, 초시계, 기록 공책, 필기도구를 준비한다.

② "시작!"과 동시에 초시계를 누르고 자녀가 책을 읽도록 하며 틀리게 읽는 부분을 살짝 표시한다(자녀가 표시하는 것에 신경을 쓰는 경우가 있기 때문에 가급적 읽을 부분을 복사하여 복사본에 틀린 부분을 표시하는 것이 좋다).

③ 초시계의 시간이 1분이 되면 "그만!"을 외치고 멈추게 한다.

④ 총 읽은 글자 수에서 틀리게 읽은 글자 수를 빼서 1분에 읽은 글자 수를 날짜와 함께 기록한다.

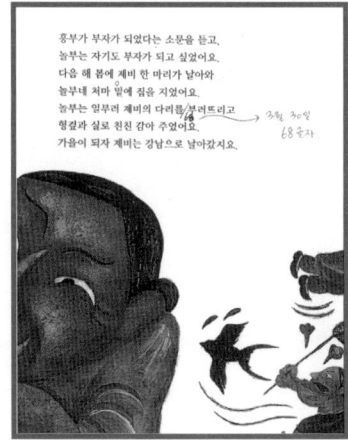

읽기, 쓰기, 셈하기 능력을  발달시키는 인지놀이

공간지각 능력과 읽기 능력을 키우는 인지놀이

여섯 살 정호. 정호는 요즘 엄마, 아빠와 함께 길거리를 지나다니면서 알록달록 간판들을 보는 것이 그렇게 재밌을 수가 없습니다. 열심히 읽고 쓰며 배운 한글이 눈에 보일 때마다 어찌나 즐거워하는지 바라보는 엄마, 아빠도 신기하고 행복하기만 하지요. 정호가 이렇게 간판 읽기에 열을 올리는 것을 한글공부에 더 잘 활용하는 방법은 없을까요?

한글을 배우기 시작할 무렵, 읽을 수 있는 글자들이 눈에 띄면 우리 아이들은 마냥 즐겁고 신나기만 합니다. 길거리를 지나가다가도 아는 글자가 눈에 띄기라도 하면 "엄마, 엄마, '강'이다, '강'이야. '강' 맞죠?" 하며 너무나도 좋아하지요.

　그러기에 알록달록 간판들은 아이들의 흥미를 끌기에 더할 나위 없이 좋은 학습도구입니다. 글자에 한창 흥미를 보이는 우리 아이들을 위해 거리로 나가봅시다. 눈앞에 펼쳐져 있는 간판을 보며 엄마, 아빠와 신나게 글자들을 읽으며 효과적으로 배운 글자들을 확인하고 새로운 글자도 배워나갈 수 있습니다.

　'우리 동네 약도 그리기'는 집 근처에 있는 건물들의 간판을 보며 집 주위에 어떤 상점들이 있는지도 알아보며 글자공부도 하고 공간지각 능력도 키울 수 있는 매우 유익한 놀이입니다.

 **우리 동네 약도 그리기**

준비물_ 수첩, 색연필 등 필기도구, 스케치북
효과_ 집중력 발달, 공간지각 능력 발달, 효과적인 한글공부

〈놀이 순서〉

① 자녀와 함께 집 밖으로 나간다.
② 수첩에 집 근처에 어떤 상점들이 있는지 꼼꼼하게 관찰하며 간판 글씨를 읽어야 함을 설명해준다.
③ 집에서 가까운 곳부터 간판을 읽어가며 간단히 약도를 그려나간다.

④ 집에 돌아와 자녀와 함께 스케치북에 우리 동네 약도를 그려본다.

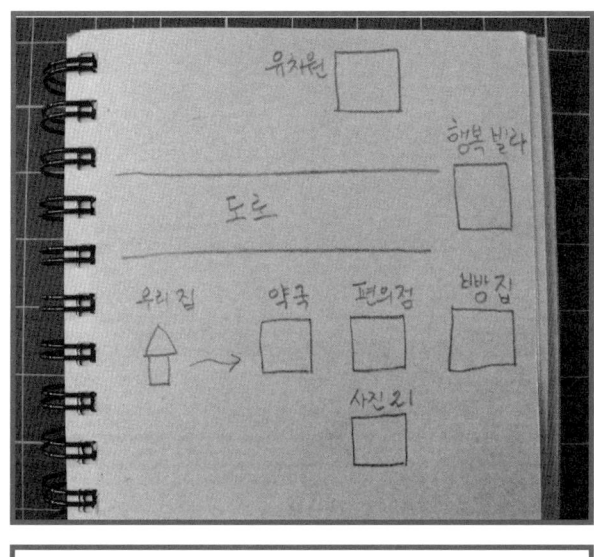

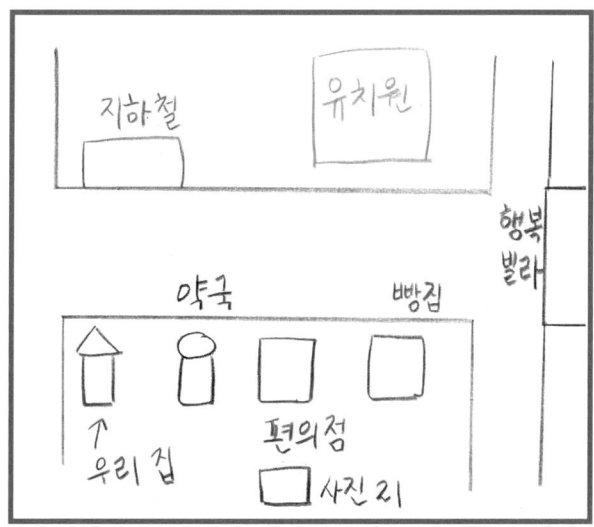

읽기, 쓰기, 셈하기 능력을  발달시키는 인지놀이

쓰기에 대한 거부감을 줄이는 인지놀이

일곱 살 준형이. 준형이는 언제부턴가 공책에 글씨를 쓰는 것이 힘들어졌습니다. 처음에 글씨를 쓰기 시작했을 때는 신기하기만 하고 재미도 있어서 열심히 쓰기도 했지만 매일 반복되는 똑같은 글씨쓰기에 요즘은 정말 지루하기만 합니다. 이렇게 매일 똑같이 쓰기를 할 생각을 하니 준형이는 이제 학교에 가면 어떻게 하나…… 벌써부터 걱정이 됩니다. 준형이가 즐겁게 쓰기를 해나갈 수 있도록 도울 수는 없을까요?

아이들이 학교에 입학하기 전에 본격적으로 쓰기를 연습할 무렵이 되면 우리 부모들은 마음이 급해지면서 자녀가 쓰기공부를 할 수 있도록 학습지며 시중에서 판매하는 교재를 구입해서 공부환경을 만들어나가기 시작합니다.

그런데 공부라는 것은 '반복적으로', '규칙적으로', '즐겁게' 해나갈 때 가장 효과가 좋은 것이지요. 우리 부모들은 자녀가 반복적으로, 규칙적으로 공부할 수 있는 환경은 잘 만들어주지만 '즐겁게' 공부할 수 있는 환경을 잘 만들어주지 못하곤 합니다. 조금만 발상을 전환하면 아주 단순한 활동만으로도 즐겁게 공부해 나갈 수 있는 환경을 만들어나갈 수 있게 됩니다.

'쓰기 속도 재기'는 초시계로 자녀가 글씨를 쓰는 속도를 재는 놀이로, 아이의 주의를 '속도를 재는' 즐거운 놀이로 돌리면서 평소보다 열심히 글씨를 쓰도록 하는 학습놀이이지요. 학교에 입학할 무렵에는 100글자를 쓰는 데 최소한 15분 이상이 걸리지 않도록 해야 합니다. 쓰기 속도가 느리면 학습에 부정적인 영향을 미치는 것은 두말할 나위가 없는 것이지요.

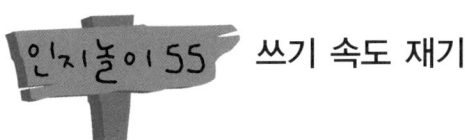 **쓰기 속도 재기**

준비물_ 공책, 필기도구, 책
효과_ 과제인내력 발달, 집중력 발달, 효과적인 쓰기공부

〈놀이 순서〉

① 책, 공책, 연필, 초시계, 기록 공책을 준비한다.
② "시작!"과 함께 초시계를 누르고 공책에 책에 있는 내용을 그대로 옮겨 쓰

도록 한다(책에서는 줄이 바뀌어도 공책에는 계속 이어서 해당 줄의 끝까지 쓸 수 있게 하고 100글자를 쓰도록 한다).

③ 공책의 다섯 줄에 100글자를 모두 채우면 "그만!"을 외치고 멈추도록 한다.

④ 공책 다섯 줄을 채우는 데 걸린 시간을 날짜와 함께 기록하도록 한다.

읽기, 쓰기, 셈하기 능력을 　　　　　　발달시키는 인지놀이

사고력과 쓰기능력을 키우는 인지놀이

다섯 살 영호. 영호 엄마가 보기에 영호는 생각하기를 유독 싫어하는 것 같아 걱정이 이만저만이 아닙니다. 생각이나 감정을 물어보면 아이 수준에 적절하게 묻는 것 같은데도 영호는 귀찮아하며 싫은 표정을 짓습니다. 어쩌다가 대답을 하기는 해도 늘 똑같은 말을 하니 영호 엄마는 아이의 이런 모습에 어찌해야 할지 모르겠습니다. 영호가 차근차근 생각하는 것을 돕고 한글공부도 잘해나갈 수 있는 방법이 있을까요?

유아들이 상대방이 묻는 질문에 집중하며 귀를 기울이고 적절한 반응을 보이는 것은 여간 어려운 일이 아닙니다. 잘 듣는 것도 쉽지 않은 일인데 차근차근 생각하는 것은 더욱 힘든 일이지요. 우리 부모들은 아이가 이 얘기 저 얘기 다양한 말을 해줄 것을 원하지만 그런 능력은 저절로 생겨나는 것이 아니므로 평소 다양하게 생각하고 표현할 수 있는 연습을 해나가도록 지도하는 것이 좋습니다.
　　'문장 완성하기'는 다양하게 생각하는 연습도 하면서 어휘력도 기르고 쓰기공부도 할 수 있는 매우 유익한 학습놀이입니다. 가정에서 무한대로 만들 수 있는 문장 완성하기 학습지를 만들어서 자녀와 즐겁게 공부해 나가도록 합시다.

 문장 완성하기

준비물_ 문장 완성하기 학습지, 필기도구
효과_ 과제인내력 발달, 집중력 & 사고력 발달, 효과적인 쓰기공부

〈놀이 순서〉
① 문장 완성하기 학습지와 필기도구를 준비한다.
② 빈칸에 채울 수 있는 말을 자유롭게 생각해서 말하도록 차근차근 문장 완성하기 방법을 설명하도록 한다.
③ 자녀가 직접 빈칸을 채울 수 있으면 직접 쓰도록 하고 쓰기가 어려우면 자녀가 말하는 것을 부모가 받아 적는다.
④ 빈칸을 채울 수 있는 것을 세 가지 정도 생각하도록 하고 채워 넣도록 한다.

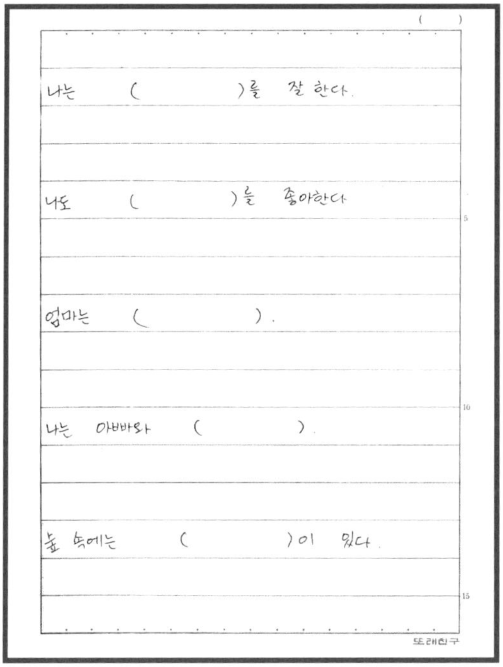

나는 (   )를 잘 한다.

나도 (   )을 좋아한다

엄마는 (   ).

나는 아빠와 (   ).

늪 속에는 (   )이 있다.

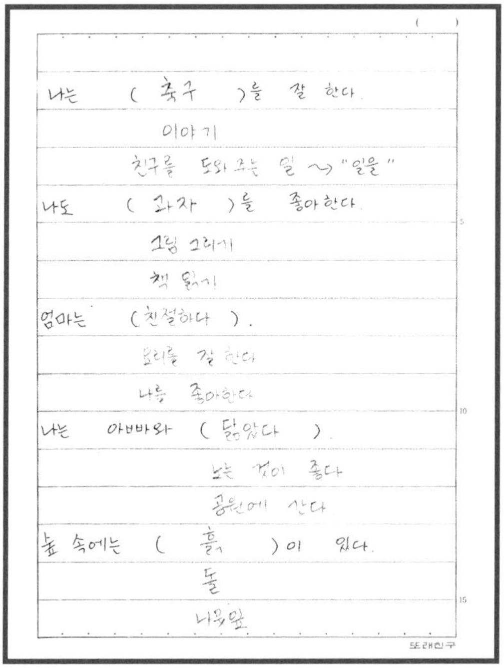

나는 (축구)를 잘 한다.
　　　이야기
　　　친구를 도와 주는 일 ～ "일을"
나도 (과자)을 좋아한다
　　　그림 그리기
　　　책 읽기
엄마는 (친절하다).
　　　요리를 잘 한다
　　　나를 좋아하다
나는 아빠와 (닮았다).
　　　노는 것이 좋다
　　　공원에 간다
늪 속에는 (흙)이 있다.
　　　돌
　　　나뭇잎

읽기, 쓰기, 셈하기 능력을  발달시키는 인지놀이

색칠하기와 숫자공부를 동시에 하는 인지놀이

다섯 살 준희. 준희가 숫자카드를 보며 엄마와 함께 숫자놀이를 하고 있습니다. 숫자카드를 처음 보기 시작했을 때는 준희가 흥미를 보이며 숫자카드 놀이에 열중해서 준희 엄마는 즐겁기만 했습니다. 그런데 숫자공부를 할 때마다 숫자카드를 보자고 하니 준희는 이제 지루해졌는지 반응이 영 시큰둥합니다. 특별히 생각나는 다른 방법이 없어 준희 엄마는 걱정입니다. 시중에서 교재를 찾아봐야 할까요?

아이들이 조금씩 수와 관련된 공부를 시작할 때, 처음에는 분명 즐거운 놀이학습으로 시작합니다. 그런데 시간이 지나면서 다양한 방법을 적용하기가 어려워지니 우리 부모들은 시중에서 판매하는 교재들에 의존할 수밖에 없지요. 하지만 조금만 발상을 전환하면 얼마든지 다양하게 놀이를 통해 아이들이 배워나가야 하는 기초 개념들을 가르칠 수가 있습니다.

'숫자 바꾸기'는 각각의 숫자와 짝 지어진 색깔을 이용해서 지정된 공간을 색칠해 나가는 놀이로, 집중력과 기억력을 발달시키면서 숫자공부를 할 수 있는 효과적인 학습놀이입니다. 자녀의 연령을 고려하여 배워나가고 있는 숫자를 활용하여 학습지를 만들어봅시다. 그림 모양만 있으면 엄마, 아빠가 손쉽게 만들 수 있습니다.

 **숫자 바꾸기**

준비물_ 숫자 바꾸기 학습지, 색연필이나 크레용
효과_ 과제인내력 발달, 집중력 & 기억력 발달, 효과적인 숫자공부

〈놀이 순서〉
① 각각의 숫자들과 특정한 색깔이 짝 지어져 있는 숫자 바꾸기 학습지를 준비한다.
② 그림의 나누어진 부분에 적힌 숫자를 짝 지어진 색깔로 바꿔 그 색으로 색칠을 해야 함을 차근차근 설명한다.
③ 그림 모양을 모두 색칠할 때까지 멈추지 말고 끝날 때까지 계속해야 하는 규칙을 알려준다.

④ 색칠을 모두 끝내면 틀린 곳은 없는지 자녀와 함께 차근차근 확인하도록 한다.

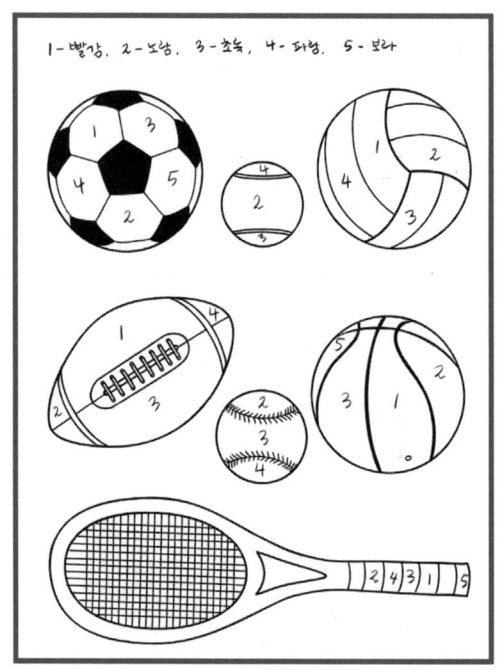

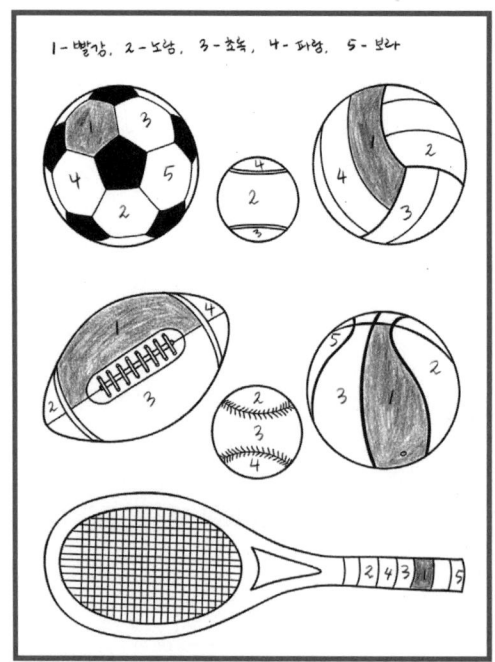

읽기, 쓰기, 셈하기 능력을  발달시키는 인지놀이

숫자공부를 하며
집중력 키우는 인지놀이

일곱 살 민영이. 민영이가 엄마와 즐겁게 숫자공부를 하고 있습니다. 그림카드도 보고 색칠도 하며 열심히 숫자공부를 하고 있는 민영이를 보니 엄마는 안심이 됩니다. 이제 내년이면 학교에 가야 하는데 숫자공부를 싫어하지 않으니 참 다행이라고 민영 엄마는 생각하고 있지요. 민영 엄마는 민영이가 배운 숫자들을 간단하고 재밌게 복습할 수 있도록 하고 싶은데 꼭 읽고 써봐야만 할까요?

아이가 숫자공부를 해나갈 때, 물론 읽고 써보며 배운 것을 확인하고 기억할 수 있도록 하는 방법도 효과적이지만, 색다른 방법으로 배운 숫자를 활용하는 놀이를 함으로써 복습의 효과를 더 높일 수 있습니다.

'숫자 순서대로 따라 말하기'는 엄마, 아빠가 불러주는 숫자들을 순서대로 기억해서 따라 말하는 놀이입니다. 불러주는 숫자들을 잘 기억해서 말해야 하기 때문에 집중해서 다른 사람의 말을 듣는 연습도 할 수 있으며, 배운 숫자들을 다시 한번 떠올려보는 복습 효과가 있습니다.

'숫자 순서대로 따라 말하기'를 통해 자녀가 간단히 배운 숫자들을 복습하면서 집중력과 기억력도 발달시켜 나갈 수 있도록 해봅시다.

 **숫자 순서대로 따라 말하기**

준비물_ 자녀가 배운 숫자 목록
효과_ 과제인내력 발달, 집중력 & 기억력 발달, 효과적인 숫자공부

〈놀이 순서〉
① 평소 자녀가 배우고 있는 숫자들의 목록을 만든다.
② 목록에 있는 숫자들을 섞어서 5-7개의 숫자가 연속되도록 숫자 세트를 만든다.
③ 불러주는 숫자들을 잘 듣고 순서대로 따라 해야 함을 차근차근 설명해주도록 한다.
④ 1초 정도의 간격으로 숫자들을 불러준다.
⑤ 자녀가 성공할 때까지 반복해서 숫자들을 불러준다.

읽기, 쓰기, 셈하기 능력을  발달시키는 인지놀이

59

관찰력을 키우며
숫자공부 하는 인지놀이

네 살 태연이. 태연이는 요즘 계단을 올라가며 하나, 둘, 셋…… 열심히 하나 둘 셋을 세고 있습니다. 엄마는 가르쳐준 적이 없는 것 같은데 태연이가 어린이집에서 배운 것일까요? 태연 엄마는 수를 세는 태연이를 보니 그저 신기하기만 합니다. 생활 속에서 거부감 없이 아이가 숫자와 친해지도록 하는 재밌는 방법이 있을까요?

아이들이 숫자를 알아가는 무렵에 우리 부모들은 욕심이 나기 시작합니다. 아이가 숫자에 흥미를 보일 때 뭔가 숫자와 관련된 공부를 시키면 좋겠다는 생각에 연필과 공책을 놓고 '종이 위의 학습'을 시작하는 것이지요. 물론 공책과 연필을 가져다놓고 아이와 조금씩 다양한 공부를 하는 것도 좋지만 늘 같은 방식으로 하는 것은 오히려 공부에 대한 거부감만을 생기게 하는 부작용을 낳습니다.

아이들이 열광하는 학습도구 세 가지, '초시계', '마이크 달린 녹음기', '계산기' 중 '계산기'를 활용하여 숫자공부를 해보도록 합시다. 감촉 좋은 버튼을 누르는 계산기 누르기 놀이는 생각만 해도 즐거운 활동입니다. 모방을 통해 필요한 것들을 배워나가는 우리 유아들이 엄마, 아빠와 함께 '계산기 따라 누르기' 놀이를 통해 숫자와 친해지도록 지도해봅시다. 덧셈, 뺄셈을 조금씩 할 수 있는 시기에는 +, - 기호도 누르며 연산활동도 즐겁게 해나갈 수 있습니다.

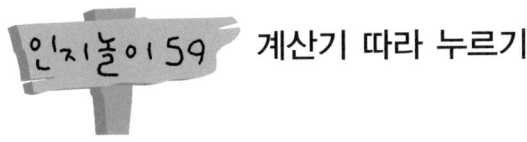 계산기 따라 누르기

준비물_ 계산기 두세 개
효과_ 과제인내력 발달, 집중력 & 기억력 발달, 효과적인 숫자공부

〈놀이 순서〉

① 똑같은 계산기를 사람 수대로 준비한다.
② 엄마, 아빠가 누르는 숫자 버튼을 잘 기억했다가 계산기 버튼을 눌러야 함을 차근차근 설명하도록 한다.

③ 덧셈, 뺄셈을 할 수 있는 자녀들과 함께 놀이를 할 때는 +, - 기호도 눌러가며 계산을 해나가도록 한다.

④ 자녀가 버튼을 잘 누르지 못하면 엄마, 아빠가 친절하게 도와주도록 한다.

읽기, 쓰기, 셈하기 능력을  발달시키는 인지놀이

숫자공부를 하며
암산능력 키우는 인지놀이

일곱 살 준혁이. 준혁이는 학교에 들어갈 준비를 하기 위해 올해부터 조금씩 수학공부를 시작했습니다. 다행히 수학공부에 흥미를 보이며 싫어하는 모습을 보이지는 않는데 준혁 엄마는 한 가지 신경 쓰이는 부분이 있습니다. 준혁이가 덧셈 문제를 풀고 엄마가 채점을 하면, 준혁이가 틀릴 때마다 화를 내고 울어버리는 것입니다. 준혁이는 틀리는 게 너무도 억울한 것일까요?

학교에 들어갈 무렵이 되면 유아들도 조금씩 연산공부를 하기 시작하지요. 그런데 아이들이 연산을 하고 나면 대부분 엄마, 아빠들이 채점을 하는 모습을 볼 수 있습니다. 아이들은 열심히 공부를 하고 엄마, 아빠가 채점을 하면 왠지 평가를 받는 기분이 들어 마음이 불편합니다.

어릴 때부터 채점은 꼭 본인이 하도록 하는 연습을 하는 것이 좋습니다. 아이가 너무 어려서 혼자서 답을 보고 채점을 하기가 어렵다면 엄마, 아빠가 옆에서 답을 불러주고 동그라미, 별표를 하도록 하면 됩니다. 채점은 집중력을 길러갈 수 있는 매우 유익한 활동이니까요.

정답지를 보고 채점을 하는 것도 좋지만 한 번씩은 계산기를 눌러가면서 채점을 하도록 하면 아이들이 매우 즐거워하곤 합니다. 감촉 좋은 계산기 버튼을 누르며 정답을 보는 활동을 통해 아이들의 암산능력도 길러나갈 수가 있습니다. 계산기 버튼을 누르기 위해서 한 문제 더 풀자고 하는 아이들도 있을 정도이니 계산기를 활용하여 채점도 하고 즐겁게 수학공부를 해나갈 수 있도록 지도합시다.

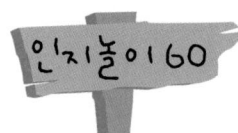 **계산기로 채점하기**

준비물_ 연산 문제, 계산기, 필기도구
효과_ 과제인내력 발달, 집중력 & 기억력 발달, 효과적인 수학공부

〈놀이 순서〉
① 연산 문제와 계산기, 필기도구를 준비한다.
② 주어진 연산 문제를 모두 풀도록 한다.

③ 자녀가 문제를 끝까지 풀면 계산기로 채점을 하는 방법을 차근차근 설명해주도록 한다.
④ 채점이 모두 끝나면 틀리게 채점한 부분은 없는지 확인하고, 다시 계산기로 답을 확인하도록 한 후 틀린 문제들은 차근차근 다시 풀어보도록 한다.

면역력이 약한 우리 영유아들은 정기적으로 건강검진 받고 적절한 시기에 예방접종이 이뤄져야 합니다. 다음 표를 참고하여 자녀의 건강검진과 예방접종 시기를 체크해 나가도록 합시다. 모든 예방접종을 빠지지 않고 해야 하는 것은 아니므로 소아과 의사와 상의하면서 대처하는 것이 좋습니다.

영유아 발달 특성과 건강검진 체크

우리 부모들은 자녀의 발달단계적 특성을 잘 이해하지 못하여 시행착오를 많이 겪게 됩니다. 자녀의 발달단계적 특성을 잘 이해하면 자녀의 발달을 더 체계적으로 도울 수가 있습니다. 본문의 표를 참고하여 생후 3개월부터 7세까지의 발달단계적 특성을 잘 숙지해 나가시길 바랍니다.

▶ 연령별 예방접종 체크표

연령(만)	예방접종 종류
1주	B형 간염 1차
0-4주	BCG(결핵)
1개월	B형 간염 2차
2개월	DTaP(디프테리아, 파상풍, 백일해) 1차/폴리오 1차/Hib(b형 헤모필루스 인플루엔자) 1차/폐구균 단백결합백신 1차/로타바이러스(장염) 1차
4개월	DTaP(디프테리아, 파상풍, 백일해) 2차/폴리오 2차/Hib(b형 헤모필루스 인플루엔자) 2차/폐구균 단백결합백신 2차/로타바이러스(장염) 2차
4-6개월	영유아 건강검진
6개월	DTaP(디프테리아, 파상풍, 백일해) 3차/폴리오 3차/Hib(b형 헤모필루스 인플루엔자) 3차/폐구균 단백결합백신 3차/로타바이러스(장염) 3차
6개월-	독감(매년 가을-겨울)
9-12개월	영유아 건강검진
12-15개월	수두/MMR(홍역, 볼거리, 풍진) 1차/Hib(b형 헤모필루스 인플루엔자) 마지막/폐구균 단백결합백신 마지막
12-23개월	일본 뇌염 사백신 1차/일본 뇌염 사백신 2차/A형 간염 1차
15-18개월	DTap(디프테리아, 파상풍, 백일해)
18-24개월	영유아 건강검진, 치과 구강검진
18-35개월	A형 간염 2차
24-35개월	일본 뇌염 사백신 3차
30-36개월	영유아 건강검진
만 4-6세	DTaP(디프테리아, 파상풍, 백일해)/폴리오 추가/MMR(홍역, 볼거리, 풍진) 마지막
만 4세 6개월	영유아 건강검진 마지막, 치과 구강검진
만 6세	일본 뇌염 사백신 4차

※ 자료제공: 서인천 연세소아청소년과 의원 박철우 원장

▶ 연령별 발달단계적 특성

〈3개월-6개월〉

발달영역	특징
운동발달	손을 뻗어 물건을 잡을 수 있다(3-4개월). 목을 가눌 수 있다(3개월). 엎드린 상태에서 머리를 90도 들어올릴 수 있다(4-5개월). 몸을 뒤집을 수 있다(4-5개월). 받쳐주면 앉을 수 있다(4-6개월). 똑바로 세우면 다리에 힘을 준다(6개월).
언어발달	소리 내어 웃을 수 있다(3개월). 옹알이를 많이 한다(4개월). ㅁ, ㄷ, ㅂ 과 같은 자음 소리를 내기도 한다(4-5개월).
인지발달	소리에 민감하다. 거울 보는 것을 좋아한다(3-5개월). 엄마, 아빠를 알아보기 시작한다(4-6개월).
정서발달	사람의 얼굴을 좋아한다. 낯가림이 시작된다(6개월).

〈6개월-12개월〉

발달영역	특징
운동발달	혼자서 앉을 수 있다(7개월). 손가락으로 물건을 잡을 수 있다(7개월). 기어다닐 수 있다(8개월). 물건을 잡고 설 수 있다(9개월). 물건을 잡고 걸을 수 있다(10개월). 책장을 넘길 수 있다(11-12개월). 혼자서 걸을 수 있게 된다(12개월).
언어발달	"엄마"라고 말을 흐릿하게 하기 시작한다(7-9개월). "안 돼"라는 말에 반응할 수 있다(9개월). 한두 단어를 말할 수 있다(10개월). "엄마"라는 말을 분명하게 할 수 있다(11-12개월).
인지발달	낯가림이 시작된다(6개월). 집안의 물건들에 호기심을 가지고 궁금해한다(10개월).
정서발달	가족들에게 잘 안기고 웃는다(10-11개월). 분리불안을 보인다(11개월).

〈12개월-18개월〉

발달영역	특징
운동발달	낙서를 한다(12-13개월). 공을 주고받을 수 있다(14개월). 블록쌓기를 좋아한다(16개월). 음악에 맞춰 춤을 춘다(18개월).
언어발달	10개 이상의 단어를 알게 된다(13-14개월). 하나의 단어를 사용하여 의사표현이 가능하다(13-14개월). 20개 정도의 단어를 말할 수 있다(15-18개월). 노래부르기를 좋아한다(16개월). "싫어"라는 말을 자주 한다(17개월). 두 단어를 연결하여 문장을 만들 수 있다(18개월).
인지발달	주의력이 오래 지속되지 않는다. 호기심이 왕성하다. 기억력이 발달한다(18개월).
정서발달	감정표현이 분명해진다(15개월). 좋아하는 사람에 대한 독점의식이 강하다(15-18개월).

〈18개월-24개월〉

발달영역	특징
운동발달	신발을 혼자 신거나 벗을 수 있다(19-20개월). 공을 찰 수 있다(20개월). 책장을 한 번에 한 장씩 넘길 수 있다(21개월). 난간을 붙잡고 계단을 올라갈 수 있다(21개월). 혼자서 계단을 오르내린다(24개월).
언어발달	30단어 정도를 말한다(19개월). 50단어 정도를 말한다(20개월). 120단어 정도를 말한다(22개월). 200단어 정도를 말한다(24개월).
인지발달	주의력이 오래 지속되지 못한다(18-24개월). 기억력이 크게 향상된다(20-21개월).
정서발달	어른의 행동을 모방한다(20-24개월). 감정이나 생각을 더 구체적으로 표현하기 시작한다(20-22개월). 친구들과 잘 어울려 논다(24개월).

〈3세-4세〉

발달영역	특징
운동발달	점프를 할 수 있다. 작은 물건들을 다루는 능력이 향상된다. 뛰어다니는 것을 좋아한다.
언어발달	500단어 이상을 말한다. 어른들과 대화하는 능력이 발달한다.
인지발달	집중력이 향상된다. 현실과 상상을 혼동하여 거짓말을 하기도 한다. 호기심이 많아져서 질문이 늘어난다. "왜?"라는 질문을 많이 한다.
정서발달	변덕이 심하지만 감정을 조절하는 능력이 발달한다. 꾸중을 들으면 토라진다. 다른 사람과 노는 것을 좋아한다.

〈4세-5세〉

발달영역	특징
운동발달	대근육 기술이 발달하여 자전거를 잘 탈 수 있다.
언어발달	생각이나 느낌을 언어적으로 표현하는 능력이 크게 발달한다. 1000단어 이상을 사용한다. 다른 사람이 책을 읽어주는 것을 좋아한다.
인지발달	기억력이 증진된다. 20분 정도 놀이에 집중할 수 있다. 꾸미고 만드는 것을 좋아한다.
정서발달	지는 것을 싫어한다. 관심과 인정에 대한 욕구가 크다. 역할놀이를 좋아한다. 놀이에 대한 흥미가 크게 늘어난다.

〈5세-6세〉

발달영역	특징
운동발달	대소근육 기술이 더욱더 능숙해진다. 연필, 크레용을 자유롭게 사용할 수 있다.
언어발달	1500단어 이상을 말할 수 있다. 글자와 숫자를 보고 베낄 수 있다.
인지발달	분류놀이, 수놀이, 문자놀이 등에 관심이 많아진다. 책을 보는 것을 좋아한다. 다른 사람이 책을 읽어주는 것을 좋아한다.
정서발달	역할놀이를 좋아한다. 어른의 관심을 받고 싶어 한다.

〈6세-7세〉

발달영역	특징
운동발달	수영을 할 수 있다. 발달된 운동기술들을 다양하게 사용하려고 시도한다. 소근육 조절능력이 더욱 발달하여 색종이 접기를 할 수 있다.
언어발달	2000단어 이상을 사용할 수 있다. 단어를 읽고 쓰는 것에 관심을 보인다. 책 보는 것을 좋아한다.
인지발달	논리적인 사고가 시작된다. 주변을 관찰하고 실험하는 것을 좋아한다.
정서발달	실외놀이를 좋아한다. 규칙이 있는 게임을 하기 시작한다. 친구들과 협동할 수 있다. 스스로 할 일을 하는 책임감을 보이기 시작한다. 계획한 대로 놀이가 진행될 수 있다. 자신보다 어린 아이를 돌보고 뿌듯해한다.

집중력을 높이는 유아놀이

1판 1쇄 발행 2009년 5월 1일
1판 9쇄 발행 2014년 5월 28일

지은이 최정금

발행인 장상진
발행처 경향미디어
등록번호 제313-2002-477호
등록일자 2002년 1월 31일

서울시 영등포구 양평동 2가 37-1번지 동아프라임밸리 507/508호
대표전화 1644-5613, 팩시밀리 02-304-5613

저작권자 ⓒ 2009 최정금

ISBN 978-89-90991-77-5 13370

※값은 표지에 있습니다.
※파본은 구입하신 서점에서 바꾸어 드립니다.